COUNTRYGITARRE FÜRANFÄNGER

Eine komplette Methode zum Erlernen traditioneller und moderner Country-Gitarre

LEVICLAY

FUNDAMENTALCHANGES

Country-Gitarre für Anfänger

Eine komplette Methode zum Erlernen traditioneller und moderner Country-Gitarre

VON LEVI CLAY

ISBN: 978-1-78933-136-3

Veröffentlicht von **www.fundamental-changes.com**

www.fundamental-changes.com

Twitter: @LeviClay88

Über 10.000 Fans auf Facebook: **FundamentalChangesInGuitar**

Folge uns auf Instagram: **FundamentalChanges**

Für über 350 kostenlose Gitarrenlektionen mit Videos besuche

www.fundamental-changes.com

Inhaltsverzeichnis

Einführung

Von vielen als der Klang Amerikas angesehen, sagen dir Umfragen, dass es kein populäreres Musik-Genre gibt als die Country-Musik. Country and Western hat eine reiche Geschichte, beschwört aber für viele nur Bilder von Cowboys herauf. Die Realität ist jedoch, dass die Geschichte so viel mehr ist als das.

Die in den 1920er Jahren geborene Country-Musik teilt viele Gemeinsamkeiten mit dem Blues, insofern Country eine Fusion von Musik aus anderen Kontinenten ist, die an einem neuen Ort Fuß gefasst hat. Während wir den Geburtsort des Genres in den Appalachen verorten können, würden viele argumentieren, dass die Musik tatsächlich im traditionellen Folk und in der traditionellen Instrumentierung von Ländern wie Irland und Schottland ihre Wurzeln hat.

Nach vielen Generationen im Appalachen-Schmelztiegel (wo Musik gesellschaftlich zur Unterhaltung gespielt wurde) begannen die Bewohner nach Süden zu ziehen, um in Städten wie Atlanta, Georgia, zu arbeiten. Dies brachte die Country-Musik einer anderen Art Mensch zu Gehör, der des Geschäftsmannes. Hier begann die Plattenindustrie, mit dem kommerziellen Potenzial der Country-Musik zu experimentieren. Ende der 20er Jahre lernten die Amerikaner diese frühen Country-Sounds durch Erfolgsgeschichten wie Jimmie Rodgers und The Carter Family kennen.

In den 30er Jahren erlebte die Weltwirtschaftskrise einen dramatischen Rückgang der Plattenumsätze. Die Lösung für Musikliebhaber war die Radio-Renaissance, und die Konzerte auf „Grand Ole Opry" konnten von allen gehört werden, die es wollten. Dank Hollywood setzte sich die Idee der Cowboy-Ballade durch, wobei Künstler wie Roy Acuff Hits mit Klassikern wie Wabash Cannonball hatten.

Die Dinge änderten sich in den 1940er Jahren wirklich, als der Western Swing aufkam, wobei Bob Wills und seine Texas Playboys verstärkte E-Gitarre und sogar das Schlagzeug in ihre Band brachten. Das mag jetzt trivial klingen, aber damals waren diese Veränderungen revolutionär und wurden von Puristen verachtet. Gleichzeitig gab es eine Explosion in der Bluegrass-Szene, als Bill Monroe und die Blue Grass Boys die traditionelle unverstärkte Volks- und Gospelmusik zu neuen kommerziellen Höhen führten.

Die Country-Musik wuchs in den nächsten sechzig Jahren weiter und verzweigte sich in zahlreiche Sub-Genres, ganz zu schweigen davon, dass sie zu einer der treibenden Kräfte hinter Rockabilly und schließlich Rock and Roll wurde. Von den Balladen von Hank Williams bis zur Berühmtheit von Johnny Cash … die einfachen Klänge von Merle Travis bis hin zu den Raffinessen von Chet Atkins … die Klasse von Merle Haggard bis hin zur Rebellion von Willie Nelson … der Pop von Dolly Parton bis hin zum Rock der Allman Brothers … oder die Tradition von Alan Jackson gegen die Progression von Carrie Underwood: Country-Musik ist ein Genre, mit dem man viel Zeit verbringen könnte, um es gründlich kennenzulernen, da es tief in der DNA der Musik des 20. Jahrhunderts verwurzelt ist.

Country-Gitarre ist ein faszinierendes Genre und erfordert ernsthaftes Engagement und Leidenschaft, um die Meisterschaft von Albert Lee oder Brent Masons Hot Licks zu erlangen. Andererseits ist es sehr einfach, durch das Spielen von stiltypischen Songs und Soli einen guten Überblick über das Genre zu erlangen.

Ich glaube wirklich, dass Scotty Anderson einer der technisch beeindruckendsten Spieler ist, die jemals die Gitarre in die Hand genommen haben, und das sollte keine Überraschung sein, wenn man schon das Spiel von Jimmy Bryant hört, damals in den 50er Jahren, lange bevor die Shred-Gitarre aufkam!

Wenn du technisch versiert werden willst, dann bleibe dabei, aber denke daran, dass die Grundlagen von Timing, Ton und stilistischem Bewusstsein das Fundament sind, auf dem diese Fähigkeiten aufgebaut werden sollten.

Country-Gitarre für Anfänger ist in zwei Abschnitte unterteilt, die darauf ausgerichtet sind, die spezifischen Fähigkeiten zu entwickeln, die erforderlich sind, um die vielen Elemente des Genres zu beherrschen.

Teil Eins konzentriert sich auf Akkordspiel und Rhythmusgitarrenfertigkeiten. Wenn du jetzt ein gutes Schlaggefühl entwickelst, sitzt du später fest im Groove-Sattel, wenn du mit offenen Saiten-Kaskaden und druckvollen Doppelgriffen den Hals auf und ab laufen wirst. Denk daran, dass die Gitarre erst viel später in der Entwicklung des Genres als Lead-Instrument fungierte. Es ist schön und gut, Hot Wired spielen zu können (tatsächlich ist es ziemlich beeindruckend!), aber man muss auch wissen, wie man so etwas wie Hey Good Lookin' oder San Antonio Rose spielt, wenn man es braucht.

Sobald du Teil Eins abgeschlossen hast, wirst du bereit sein, alles zu spielen, was du von Jimmie Rodgers, Hank Williams, Johnny Cash oder ähnlichen Größen des Genres hören kannst. Ein Gespür für diesen Stil zu entwickeln ist unerlässlich, wenn du Gitarristen wie Chet Atkins oder den großen Jerry Reed lernen willst.

Teil Zwei führt dich durch alles, was du brauchst, um Lead-Gitarren-Soli zu spielen, die typisch für die früheren Stile der Country-Musik sind. Du wirst dir grundlegende Picking-Konzepte ansehen und wie du Flatpicking und Daumenpicking anwendest ... wie du Rhythmusparts mit typischen Doppelgriff-Riffs verzierst ... Tonleitern in mehreren Tonarten spielst ... die Verwendung von Dreiklängen als Solo-Guides lernst... Bending-Ideen, diatonische Intervalle und Arpeggien anwendest. Das Ziel ist es, dir zu zeigen, wie die legendären Gitarristen wie Roy Nichols, James Burton, Luther Perkins und Eldon Shamblin zu spielen.

Während dein ultimatives Ziel sein kann, der nächste Danny Gatton oder Johnny Hiland zu werden, verliere nie die Wurzeln aus den Augen. Es gibt einen Grund, warum diese Jungs wunderbar klingen, und es ist ihr Verständnis für alles, was Country-Musik ist. Sie klingen nicht wie Rockmusiker, die ein paar alte Country-Klischees gelernt haben.

Manchmal mag diese Reise schwerfällig erscheinen, aber als jemand, der sich erst relativ spät in seinem Leben mit Country-Musik beschäftigt hat, kann ich mit absoluter Sicherheit sagen, dass sich deine Fähigkeiten mit der Zeit entwickeln werden. Mach langsam und stelle sicher, dass jede Bewegung ruhig und bedacht ist.

Denke an den alten Spruch: Übe nicht so lange, bis du es richtig machst, sondern übe so lange, bis du es nicht mehr falsch machen kannst. Bleib dran, und mit kontinuierlicher Wiederholung kommst du sicher dorthin, wo du sein willst.

Bei Musik geht es nicht nur darum, wohin man geht, sondern auch darum, die Reise zu genießen.

Viel Spaß dabei,

Levi

Hol dir das Audio

Die Audiodateien zu diesem Buch können unter www.fundamental-changes.com kostenlos heruntergeladen werden, und der Link befindet sich oben rechts in der Ecke. Wähle einfach diesen Buchtitel aus dem Dropdown-Menü aus und folge den Anweisungen, um das Audio zu erhalten.

Wir empfehlen dir, die Dateien direkt auf deinen Computer herunterzuladen, nicht auf dein Tablet, und sie dort zu extrahieren, bevor du sie zu deiner Medienbibliothek hinzufügst. Du kannst sie dann auf dein Tablet, deinen iPod legen oder auf CD brennen.

Auf der Download-Seite gibt es ein Hilfe-PDF, und wir bieten auch technischen Support über das Kontaktformular.

Sei sozial:

Für über 350 kostenlose Gitarrenlektionen mit Videos besuche:

www.fundamental-changes.com

Twitter: **@LeviClay88**

Über 10.000 Fans auf Facebook: **FundamentalChangesInGuitar**

Folge uns auf Instagram: **FundamentalChanges**

Erster Teil: Akkorde und Rhythmusgitarre

In diesem Abschnitt kommen wir auf die wesentlichen Akkord-Voicings zurück, die man überall findet, von Cowboy-Balladen bis hin zu Western Swing. Vielleicht kennst du schon einige dieser Akkorde, aber überspringe sie nicht, da alles wichtig sein wird, wenn du das Ende des Kapitels erreichst. Es gibt viele Geheimnisse der Country-Gitarre, die vermittelt werden … also lies aufmerksam! Sobald du diese Voicings aufgefrischt hast, wirst du dir ansehen, wie sie in der echten Country-Rhythmusgitarre verwendet werden.

Dieser Abschnitt behandelt:

- Viele anwendbare Akkorddiagramme

- Tipps zum Akkordwechsel

- Rhythmuszählübungen

- Häufige Akkordfolgen

- Wechselbass-Strumming

- Theorie der Akkordkonstruktion

- Akkord-Voicings im Stil des Western Swing

- Hinzufügen von Jazz-Einflüssen

- Umkehrungen und Anwendungen

- Western Swing Akkordfolgen

- Moderne Schlagmuster

Indem du die Fähigkeiten in diesem Abschnitt beherrschst, bereitest du dich darauf vor, tiefer in andere Bereiche einzudringen. Zusammen mit dem Aufbau von Geschicklichkeit in der greifenden Hand, wirst du die Fähigkeiten aufbauen, die nötig sind, um auch Leadgitarre zu spielen.

Während es verlockend sein kann, einige dieser Abschnitte zu überspringen, wenn du ein fortgeschrittenerer Gitarrist bist, denk daran, dass dein Gefühl für Groove und das Takthalten immer verbessert werden kann, und der effizienteste Weg, deine Fähigkeiten zu entwickeln, ist, mit einem guten Rhythmus-Part zu spielen und stundenlang daran zu arbeiten.

Die Fähigkeiten der Rhythmusgitarre, die wir uns im ersten Teil ansehen, sind die, die am häufigsten für Sänger und Bandarbeit benötigt werden. Sobald du also diese Rhythmen und Akkorde solide draufhast, versuche mit einem Sänger zu spielen oder singe selbst einen Song. Dein Fokus sollte immer auf der Musik liegen, und wenn du dich mit diesen Rhythmen vertraut bist, wirst du frei sein, beim Spielen auch besser zuzuhören.

Ich verspreche, dass du es mir später danken wirst!

Kapitel Eins: Country-Akkord-Auffrischung

In diesem Stadium gehe ich davon aus, dass du bereits mit grundlegenden offenen Akkorden und einigen einfachen Akkordfolgen vertraut bist, aber das richtige Verständnis dieser Akkorde ist der Schlüssel zum Erfolg auf der Country-Gitarre. Diesen Aspekt der Musik zu ignorieren, wäre wie ein Haus ohne Fundament zu bauen; alles mag gut aussehen, aber es könnte jederzeit zusammenbrechen.

Es wäre keine Untertreibung zu sagen, dass Akkordwissen der wichtigste Aspekt des Country-Gitarrenspiels ist – nicht nur als Rhythmusgitarrist, sondern auch als Lead-Gitarrist.

Bevor wir beginnen, möchte ich, dass du eine Note auf der Gitarre spielst, egal welche Note, und dich fragst: „Ist das eine gute Note?"

Die Antwort ist immer „Hä?!"

Es ist eine Frage, die keinen Sinn ergibt, denn eine einzelne Note ist nichts ohne Kontext. Wenn ich die Note A gegen einen A-Akkord spiele, klingt das gut. Wenn ich das gleiche A gegen einen F-Akkord spiele, klingt es auch toll. Wenn ich das gleiche A gegen einen G#-Akkord spiele, klingt das normalerweise ziemlich schrecklich! Die Abstände zwischen diesen Noten werden als Intervalle bezeichnet.

Die Lektion ist, dass in der Musik alles Intervalle sind. Selbst in der Tonart E wird das E nicht über jeden Akkord hinweg großartig klingen. Einige Intervalle sind angenehm für das Ohr, andere sind weniger effektiv.

Es ist wichtig, mehr über Akkorde zu erfahren, denn dieses Wissen gibt dir einen guten Einblick, welche Noten gut klingen und welche nicht.

Zuerst schauen wir uns fünf der häufigsten Dur-Akkorde in der Country-Musik an. Diese tauchen oft in Songs in den Tonarten C, G, D und sogar F auf.

In diesen ersten Diagrammen habe ich Fingerzahlen eingefügt, um dir zu zeigen, wie diese oft gespielt werden. 1 repräsentiert den Zeigefinger, 2 steht für der Mittelfinger und so weiter.

Ich habe diese Fingersätze hinzugefügt, da die meisten Gitarristen den G-Dur-Akkord nicht so greifen. Es mag sich anfangs etwas unangenehm anfühlen, aber es funktioniert großartig, wenn er mit dem C-Dur-Akkord kombiniert wird.

Die Griffweise für F-Dur ist auch für viele Schüler, die an einen sechssaitigen Barré gewöhnt sind, ein Augenöffner. Doch mit diesem „Mini-Barré" hätte Jimmie Rodgers den Akkord gespielt. Zu verstehen, dass dies eine völlig akzeptable Art und Weise ist, den Akkord zu spielen, wird sich später als nützlich erweisen, wenn du Akkord-Voicings spielst, die im Merle Travis oder Chet Atkins Stil üblich sind.

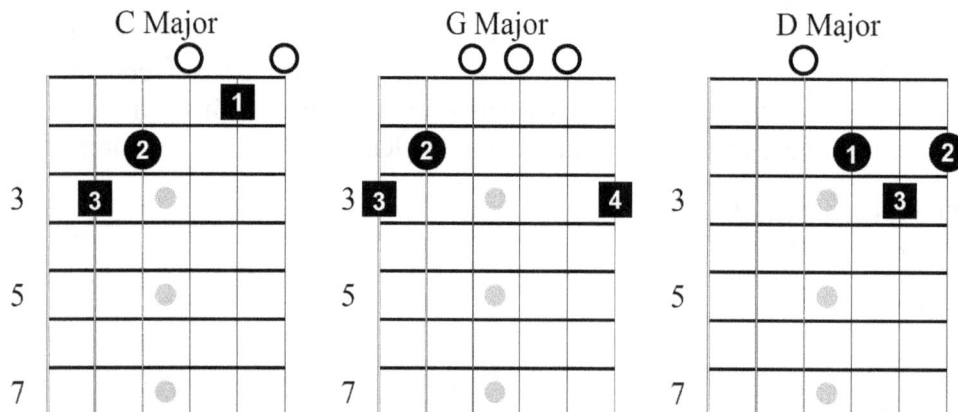

A Major   F Major   E Major

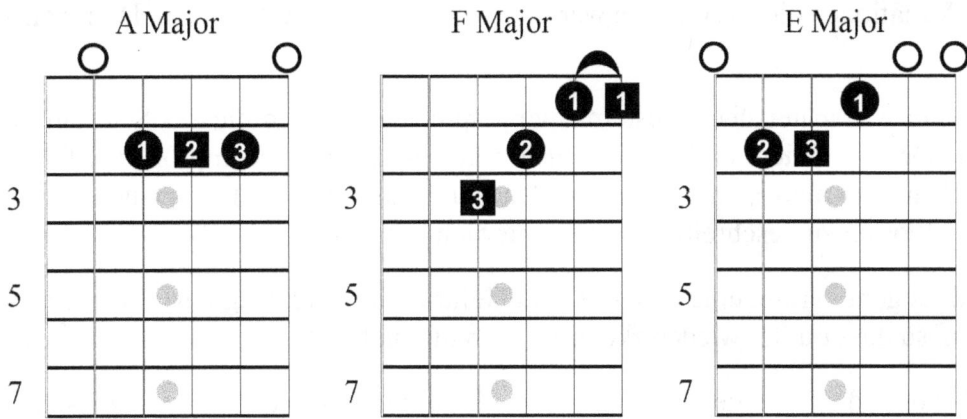

Wenn du einige dieser Akkorde zu einer einfachen Sequenz kombinierst, kannst du sowohl Timing als auch Fingerfertigkeit üben.

Dein erstes Ziel ist es, jeden deiner Finger gleichzeitig von einem Akkord zum nächsten zu bewegen, anstatt einen nach dem anderen, da dies zu einer spürbaren Verzögerung der Akkordwechsel führen kann.

Die einzige Möglichkeit, einen Akkord zu meistern, besteht darin, das Muskelgedächtnis aufzubauen, also nimm dir Zeit, dir die vorherigen Diagramme anzusehen und jeden Akkord als eine ganze Einheit in deinem Kopf zu sehen, bevor du deine Finger auf die Gitarre legst. Übe langsam, jeden Akkord aus dem Nichts zu formen. Nimm deine Hand vom Griffbrett, gehe zum Akkord, nimm deine Hand vom Hals und wiederhole.

Der Rhythmus in der Musik ist in Takte unterteilt. Jeder Takt der Musik enthält vier Taktschläge, und in den folgenden Beispielen dauert jeder Akkord zwei dieser Taktschläge. Der wichtigste Tipp, den ich hier geben kann, ist, dass du mit dem Schlagarm den Rhythmus halten solltest, sodass sich dein Arm bei jedem Schlag auf und ab bewegt. Dieser Prozess beginnt, wenn ich mit dem Metronom einzähle, so dass mein erster Schlag genau auf Taktschlag 1 erfolgt.

Schlage die Taktschläge (1, 2, 3 und 4) immer mit einem Abschlag. Noten, die zwischen den Taktschlägen liegen, werden mit einem Aufschlag gespielt.

Beispiel 1a:

Lass uns einen Blick auf einfache Variationen dieser Akkorde werfen, die sie von Dur-Akkorden in Dominant-Akkorde verwandeln.

Wir lernen die Theorie hierzu, wenn wir später über Western Swing sprechen, aber in diesem Stadium ist es wichtig, die Finger und das Gehör zu trainieren, ohne die Musik mit Theorie zu verkomplizieren. Es ist wichtiger, den Unterschied zwischen Dur- und Dominant-Akkorden hören zu können, also versuche beim Spielen der Dominant-Akkorde, in Worten zu beschreiben, wie sie für dich klingen.

Es gibt keine falschen Antworten! Es geht darum, eine Idee oder ein Gefühl mit dem Klang eines Dominant-Akkords in Verbindung zu bringen, so dass du ihn wiedererkennst, wenn du ihn hörst.

Spiele die folgenden Dominant-Akkorde durch. In den meisten Fällen gibt es nur eine Note, die sich zwischen der Dur- und Dominant-Version jedes Akkords unterscheidet.

Wie bei den Dur-Akkorden können wir diese neuen Akkorde in einer Sequenz verwenden, um zu lernen, wie sie funktionieren, und um unseren Fingern die Möglichkeit zu geben, sich zwischen ihnen zu bewegen.

Beispiel 1b:

Als nächstes werden wir einige Moll-Akkorde lernen.

Für mich klingen diese Akkorde „traurig" oder vielleicht „sehnsüchtig" ... aber das bin nur ich! Das ultimative Ziel ist es, diese Akkorde hören zu können und zu sagen: „Oh, das ist ein Moll-Akkord!".

Übe den Wechsel zwischen den folgenden Akkorden.

Jetzt können wir anfangen, alle verschiedenen Akkordtypen zu kombinieren, um eine Akkordfolge zu erstellen.

Dieses Beispiel enthält einige Schläge. In diesem Beispiel gibt es vier Akkord-Schläge pro Takt, die jeweils mit einem Abschlag gespielt werden. Viele weitere Schlag-Ideen werden im nächsten Kapitel behandelt.

Die folgende Country-Ballade kann sehr langsam gespielt werden, und der Schlüssel dazu ist, sich auf das Metronom einzuspielen, indem man jedes Mal, wenn das Metronom klickt, einen Akkord spielt. Zähle diese laut als „1, 2, 3, 4, 1, 2, 3, 4". Dies wird als 4/4-Takt (Viervierteltakt) bezeichnet, wobei jeder Schlag eine 1/4-Note ist (da sie 1/4 eines 4/4 Taktes einnimmt).

Beispiel 1c:

Die alte Country-Musik war eng mit der Gospel-Musik verbunden. Amazing Grace ist eine wunderbare Hymne, die bis 1779 zurückreicht. Wir spielen es hier in der Tonart G und verwenden eine Mischung aus Dur-, Moll- und Dominant-Akkorden.

Im Gegensatz zum vorherigen Beispiel hat diese Figur ein Dreier-Gefühl, was bedeutet, dass es in jedem Takt drei Taktschläge gibt. Zähle „1, 2, 3, 1, 2, 3" und betone den ersten Schlag etwas, um das Gefühl zu erhalten.

Ich ermutige dich, die Melodie zu singen, wenn du damit vertraut bist. Es ist überraschend, wie vollständig sich eine solche Akkordfolge anfühlen kann, wenn man nur die Melodie hinzufügt.

Beispiel 1d:

Vergiss nicht, die richtige Griffweise für den G-Dur-Akkord zu verwenden!

Hier soll gezeigt werden, wie diese einfachen Akkorde die Grundlage für viele Songs bilden können. Die Verwendung dieser sollte in keiner Weise abgewertet werden.

Nimm dir die Zeit, diese einfachen Akkordfolgen zu üben und versuche, den Klangunterschied zwischen den einzelnen Akkordfamilien (Dur, Moll, Dominant) zu unterscheiden. Ich finde, der beste Weg, dies zu tun, ist, die Akkordfolgen so langsam zu spielen, dass man in der Lage ist, weiter zu denken. Wenn ich den G-Dur-Akkord aus dem vorherigen Beispiel spiele, versuche ich, zu „hören", wie der G7-Akkord in meinem Kopf klingen wird, bevor ich ihn spiele. Die Konzentration auf diese harmonischen Veränderungen ist eine der besten Möglichkeiten, um das Gehör zu trainieren.

Kapitel Zwei: Grundlegendes Strumming und Spielen von Songs

Jetzt kennst du einige Akkorde, lass uns damit Musik im Stil der frühen Country-Gitarristen machen.

Das erste, was zu berücksichtigen ist, ist die Funktion der Gitarre in der Country-Musik, wie sie sich entwickelt hat und was erforderlich ist, um einen authentischen Sound zu erzeugen, wenn man einen Sänger begleitet oder einen Rhythmus-Track erstellt.

Wie in der Einleitung erwähnt, gab es das Schlagzeug in der Country-Musik erst viele Jahre nach dem Aufkommen des Genres, und schon damals waren die Puristen entschieden dagegen. Es gibt Geschichten darüber, dass die Radioshow „Grand Ole Opry" Künstlern verweigerte, ein Schlagzeug zu benutzen, auch wenn es in ihrer Band Schlagzeuger gab. Dies bedeutete im Wesentlichen, dass jeder Künstler, der versuchte, mit der Zeit zu gehen, indem er Pop- oder Rockeinflüsse einbrachte, anstatt sich an ein „reines" Genre zu halten, das an Popularität verlor, ein wichtiges Medium der Darstellung aufgab.

Die Zeit ohne Schlagzeug führte dazu, dass die anderen Instrumente auf andere Weise einen treibenden, perkussiven Klang erzeugen mussten. Als solches fungierte die Gitarre sowohl als ein Instrument, das Harmonie lieferte, als auch als ein perkussives Instrument, um den Takt zu halten, damit die Leute tanzen konnten. Man könnte argumentieren, dass die Gitarre am besten als Perkussionsquelle genutzt wurde, da viele Country-Bands (vor allem in Honky-Tonk-Bars) Klaviere hatten, die die Gitarren als Harmonielieferanten immer übertrafen.

Das „klassische" Country-Feeling, das sich entwickelte, war eine Kombination aus dem Bass, der auf den Taktschlägen 1 und 3 des Taktes spielt, und einem starken Akzent auf der Gitarre auf den Taktschlägen 2 und 4. Dieser 2 und 4 Akzent ist allgemein als Backbeat bekannt und ist der bestimmende Klang in der zeitgenössischen 4/4-Musik, vom frühen Jazz bis hin zur Popmusik von heute.

Lass uns dieses Gefühl auf einem C-Dur-Akkord nachbilden, um den Effekt wirklich in unserem Gehör und unseren Muskeln zu verankern. Um das Spiel interessant zu halten, werden wir nachahmen, was ein Bassist auf unseren tiefsten Saiten spielen würde.

Hör dir die Aufzeichnung des folgenden Beispiels genau an, da die Dynamik wichtig ist. Wir beginnen mit dem Spielen des Grundtons auf Taktschlag 1, dann ein Akkord auf Taktschlag 2, dann spielen wir die 5. Tonstufe von C-Dur (G)[1] und akzentuieren den Akkord dann wieder auf Taktschlag 4.

Wiederhole diese sich wiederholende Sequenz, solange es erforderlich ist, um sie in das Muskelgedächtnis zu übertragen. Nimm dir Zeit für dieses Beispiel und mach dich mit der abwechselnden Bassnote vertraut.

Beispiel 2a:

---

1. Die Note G ist die fünfte Note (Quinte) in der Tonleiter von C-Dur: C, D, E, F, G.

Diese Bewegung des Grundtons, gefolgt von der 5., ist in der Country-Musik von großer Bedeutung. Um die 5. eines Akkords zu finden, zähle einfach fünf Noten vom Grundton aus hoch. Die 5. von A ist E (A, B, C, D, E), die 5. von G ist D (G, A, B, C, D) etc.

Wenn wir vom C-Dur-Akkord zum A-Dur-Akkord wechseln, bleibt alles im Strumming-Muster gleich, mit dem Grundton auf der fünften und der 5. auf der sechsten Saite. Dies erfordert jedoch etwas mehr Sorgfalt, da man nicht will, dass die Bassnoten ineinander übergehen. Versuche, die Bassnoten mit der Handfläche der Schlaghand zu stoppen, bevor du die Chord-Stabs machst.

In Takt Drei und Vier verwandelt sich der A-Akkord in einen A7. Da es sich hierbei immer noch um einen „A-Typ"-Akkord handelt, muss sich das Wechselbass-Pattern nicht ändern.

Beispiel 2b:

Ein letztes Beispiel für die Grundton- und 5.-Bewegung ist der folgende B7-Akkord. Angenommen, du musst dich mit der Griffweise dieses Akkords aus dem vorherigen Kapitel auseinandersetzen, brauchst du nur den Mittelfinger zwischen der fünften und sechsten Saite zu wechseln. Wie bei den vorherigen Akkorden wechselst du zwischen dem Grundton (B) und der 5. (F#). Vielleicht fällt dir auf, dass, wenn der Grundton des Akkords auf der A-Saite ist, die 5. dann immer auf dem gleichen Bund der E-Saite ist.

Beispiel 2c:

Eine Herausforderung dieses Stils ist, dass nicht alle Akkorde den Grundton auf der A-Saite haben!

Dies wird durch einen G-Dur-Akkord demonstriert. Mit diesem Akkord befindet sich der Grundton auf der tiefen E-Saite und die 5. (D) auf der offenen D-Saite. Das bedeutet, dass man über die A-Saite zur D-Saite springt, um den Wechselbass zu spielen. Das Überspringen über die A-Saite kann sich zunächst unangenehm anfühlen, aber dies ist eine wichtige zu meisternde Bewegung.

Wie beim A-Dur-Akkord wechselst du in den Takten Drei und Vier zum Dominant-Akkord.

Beispiel 2d:

Bei einem E-Dur-Akkord befindet sich der Grundton auf der tiefen E-Saite und die 5. auf der A-Saite. Das Wechseln zwischen diesen Noten wird sich nach der Bearbeitung des G-Akkords wahrscheinlich leicht anfühlen. Wie bei den vorherigen Beispielen zeigt dir der Wechsel zum Dominant-Akkord in Takt Drei, dass das Wechselbass-Pattern hier konsistent bleibt.

Beispiel 2e:

D-Dur-Akkorde haben Grundtöne auf der offenen D- (vierten) Saite, und die 5. wird auf der offenen A- (fünften) Saite gespielt.

Beispiel 2f:

Als ich mich wirklich ernsthaft mit dem Country-Rhythmus beschäftigte, bemerkte ich, dass viele der Großen eine Mini-Barré-Version des F-Dur-Akkords spielten, mit einem Grundton auf der D-Saite anstelle der tiefen E-Saite. Dieses Voicing ist nicht nur handlicher als der volle Barré-Akkord, sondern hat auch den Vorteil, dass eine einfache Bewegung die 5. auf der A-Saite spielen kann.

Beispiel 2h:

Um diesen Parts mehr Leben einzuhauchen, entwickeln wir den Backbeat, indem wir einen weiteren Strum auf den Aufschlag der Taktschläge 2 und 4 hinzufügen. Dadurch wird eine Anzahl von „1, 2&, 3, 4&, 1, 2&, 3, 4&" erzeugt. Wichtig zu verstehen ist, dass sich die Bewegung in der schlagenden Hand nicht ändern sollte. Mach weiterhin bei jedem Taktschlag einen Abschlag, aber jetzt fang die Saiten einfach mit dem Plektrum auf dem Weg nach oben auf.

Spiele das vorherige Strumming-Muster, das auf einen C-Dur- und C7-Akkord angewendet wurde.

Beispiel 2i:

Lasst uns die vorherigen Übungen nutzen, um etwas Musik zu machen! Dieses Beispiel ist typisch für Johnny Cashs Ansatz der Rhythmusgitarre bei Songs wie Walk the Line oder Folsom Prison Blues. Johnny war einer der legendärsten und meistverkauften Country-Künstler aller Zeiten, und seine Musik berührt immer noch Millionen von Menschen auf der ganzen Welt, auch nach seinem Tod im Jahr 2003.

Die Akkordfolge ist sehr ähnlich wie bei einem normalen zwölftaktigen Blues, jedoch mit einer Pause auf dem V-Akkord (B7) für zwei Takte. Die Bassbewegung hält sich an die Grundton mit 5. Bewegung, die du gerade eben gemeistert hast.

Beispiel 2j:

Als nächstes fügen wir den „Ab-Auf"-Strum bei Taktschlag 2 hinzu, um einen für Hank Williams typischen Rhythmus zu erzeugen.

Wie bei den vorherigen Beispielen wechsle weiterhin zwischen dem Grundton und der 5. im Bassbereich, um einen soliden, treibenden Klang zu erzeugen. Dies ist ein wesentlicher Teil des Genres und ein wichtiges Gefühl, das es zu beherrschen gilt, bevor man sich mit dem Stil von Legenden wie Merle Travis oder Chet Atkins beschäftigt.

Beispiel 2k:

Das nächste Beispiel ist im Stil von Jimmie Rodgers und ähnelt seinem Spiel auf Klassikern wie Blue Yodel No.1 oder Waiting on a Train.

Dieses Beispiel hat das gleiche Feeling wie zuvor, aber jetzt mit zusätzlichen Bassnoten, die vom Grundton und 5. abweichen.

Bei Taktschlag 3 von Takt Zwei spiele die 3. (Terz) (E) des C7-Akkords. Es gibt keine harten und schnellen Regeln für die Auswahl dieser Bassnoten; es geht darum, eine interessante melodische Bewegung zu erzeugen, um den Song in Bewegung zu halten. All diese zusätzlichen Bassnoten sind in guter Reichweite des Akkord-Fingersatzes.

Beispiel 2l:

Bleiben wir bei Jimmies Rhythmusansatz, aber diesmal im 3/4-Takt. Dieses Feel ist ähnlich wie Amazing Grace aus Kapitel Eins, aber jetzt spielst du eine Bassnote bei Taktschlag 1 und einen Akkord bei Taktschlag 2 und 3.

In diesem Beispiel wirst du einige interessante Töne im Bass bemerken, insbesondere das B, das gegen den C-Dur-Akkord (Takt Sieben) und das F#, das gegen den G-Dur-Akkord (Takt Fünfzehn) gespielt wird. In der Regel kannst du dich jedem Akkord von einem Bund von unten nähern und es wird großartig klingen.

Beispiel 2m:

Du solltest jetzt ein Gefühl dafür bekommen, wie du einen Country-Backbeat erstellen kannst, indem du Taktschlag 2 des Taktes mit einem etwas härteren Strum betonst. Wenn nicht, hör dir die Audiobeispiele genau an und versuche, mein Spiel nachzuahmen. Dieses Gefühl ist das Lebenselixier der Country-Rhythmusgitarre, also hör so viel Musik wie möglich und versuche, dieses Gefühl in deinem Spiel nachzuahmen.

Synkopierung ist der Akt des Verschiebens eines Schlages, so dass ein Akzent irgendwo auftritt, wo er normalerweise nicht erwartet wird.

In Wirklichkeit ist dies einfach das Verschieben eines Akkords oder einer Note, von denen man erwarten würde, dass sie auf einen betonten Taktschlag fallen. Auf dem Papier mag diese Idee kompliziert klingen, aber eigentlich ist sie etwas, das du hunderte Male gehört hast.

Das erste synkopierte Beispiel akzentuiert einen Akkord, der auf dem „und" von Taktschlag 4 gespielt wird, und der über den Taktschlag 1 des folgenden Taktes gehalten wird.

Denke daran, dass die Spieltechnik hier identisch ist mit der vorherigen. Deine Hand bewegt sich auf den Taktschlägen nach unten und zwischen den Taktschlägen nach oben. Der Trick ist, die Hand die ganze Zeit in Bewegung zu halten, auch wenn man bei Taktschlag 1 von Takt Zwei nicht die Saiten anschlägt.

Halte einen starken Backbeat, indem du die 2 und 4 nach Möglichkeit betonst. Die Ausnahme ist, wenn du synkopierst, da es am besten klingt, die Noten zu betonen, die außerhalb des Taktes liegen, weil es hilft, die Musik menschlicher und weniger mechanisch klingen zu lassen. Mein bester Rat an dieser Stelle ist, sich die Audiobeispiele anzuhören: Diese Ideen sehen auf dem Papier kompliziert aus, machen aber viel mehr Sinn, wenn man sie einmal gehört hat. Beim Musiklernen geht es darum, zu hören und zu kopieren, was man hört.

Beispiel 2n:

Das nächste Beispiel nimmt die vorherige Idee auf, bewegt den synkopierten Akkord aber auf das „und" von Taktschlag 2.

Du kannst Takt Eins mitzählen, indem du sagst: „1, 2 & .... & 4". Diese Zählung sieht ziemlich komplex aus, wenn sie aufgeschrieben wird, also hör dir das Audiobeispiel genau an und du wirst bald feststellen, dass es sich um einen Rhythmus handelt, den du die ganze Zeit hörst.

Übe diesen Rhythmus mit den ersten beiden Takten des folgenden Beispiels. Wenn du anfängst, die Idee zu verstehen, füge die nächsten beiden Takte hinzu, die einen F-Dur-Akkord enthalten, um dich auf Trab zu halten.

Beispiel 2o:

Das dritte Beispiel platziert den synkopierten Strum auf das „und" von Taktschlag 2, das sich in Taktschlag 3 bewegt.

Dieser Rhythmus könnte genauso gut in der zweiten Hälfte des Taktes gespielt werden, um auf das „und" von Taktschlag 3 zu fallen, der sich in Taktschlag 4 bewegt.

Es ist wichtig zu beachten, dass dieses Beispiel den Backbeat beeinflusst, da die synkopierte Note den Taktschlag-2-Akzent schneller als erwartet bewegt.

Wie immer, hör dir die Audioaufnahme genau an, um ein Gefühl für dieses Beispiel zu bekommen. Es ist immer einfacher, diese Ideen zu hören, als sie durch Lesen zu lernen.

Beispiel 2p:

Das letzte Beispiel in diesem Kapitel wendet synkopierte Ideen auf eine gängige Country-Akkordfolge an.

In G gespielt, beginnt das Beispiel mit dem I-Akkord (G-Dur), bevor es in den IV (C-Dur) und dann in den V (D-Dur) übergeht, diese Idee wiederholt sich dann, geht aber von V (D-Dur) in den IV (C-Dur) über.

Der zweite Abschnitt bewegt sich zum VI (Em), gefolgt vom V (D-Dur), dieser wiederholt sich, wird aber durch einen synkopierten V7-Akkord (D7) variiert, der dich zurück nach Hause ins G-Dur zieht.

23

Beispiel 2q:

Nachdem du dieses Kapitel durchgearbeitet hast, wirst du mit den Werkzeugen ausgestattet sein, mit denen du die gängigsten akustischen Country-Strumming-Parts spielen kannst. Du solltest jetzt in der Lage sein, mehr Rhythmus zu spielen und deinen inneren Puls zu entwickeln, während du an einfachen Melodien arbeitest.

Hör auf die Größen der Country-Musik und imitiere ihre Schlagmuster (Strumming-Patterns). Je mehr man Legenden wie Merle Haggard, Waylon Jennings, David Allan Coe, Ernest Tubb und Glen Campbell hört, desto mehr wird man ein Gefühl dafür entwickeln, wie diese Leute gespielt haben.

Was du schnell lernen wirst, ist, dass du, sobald du das Spielen wirklich gemeistert hast, dich nicht mehr verbesserst, indem du mehr denkst. Der beste Weg zur Verbesserung besteht darin, zuzuhören und zu reproduzieren, was man hört. Denke daran, dass sich die schlagende Hand nach unten und oben zur Musik bewegt, schlage einfach die Saiten an, wann und wie du sie hören willst.

Kapitel Drei: Western Swing-Rhythmus

In den späten 20er und frühen 30er Jahren begann sich ein neues Subgenre der Country-Musik zu entwickeln, als die damalige Jazzmusik auf die Instrumentierung der Country-Musik im Süden traf.

Plötzlich tauchten Bands im ganzen Land auf und spielten diese neue Western Swing-Musik, zu der die Leute tanzen konnten. Namhafte Pioniere wie Bob Wills, Milton Brown und Spade Cooley begannen, Schlagzeug zu verwenden, um ihre treibenden jazzbasierten Rhythmussektionen aufregender zu gestalten. Sie spielten immer noch Songs, aber die komplexeren Akkordwechsel gaben Gitarristen wie Eldon Shamblin, Jimmy Wyble und Junior Barnard etwas Neues zum Experimentieren, sowohl in ihren Rhythmen als auch in ihren Soli (die es reichlich gab!).

Leider erlebte das Genre in den 40er Jahren einen starken Rückgang, als die USA eine Nachtclub-Steuer für „Tanz-Nachtclubs" einführten, um Mittel für die Kriegsanstrengungen aufzubringen. Dank dieser hohen Steuer von 30 % verboten unzählige Clubs das Tanzen, was die Bewegung beinahe verschwinden ließ. Obwohl das Genre nie eine echte Renaissance erlebte, lebte es in den Werken von Bands wie The Hot Club of Cowtown, The Lucky Stars und The Swing Commanders weiter.

Einer der definierenden Aspekte des Western Swing-Rhythmus-Spiels ist der treibende „4-to-the-floor"-Rhythmus (vier 1/4-Noten pro Takt) und der fast schwindelerregende Einsatz von Akkordumkehrungen; denke an Freddie Green im Count Basie Orchestra oder an Django Reinhardts Rhythmusarbeit, aber mit einem Redneck-Twist.

Eine Akkordumkehrung ist ein Voicing, bei dem eine andere Note als der Grundton im Bass erscheint. Während also ein G-Dur-Dreiklang die Noten G, B und D enthält, kann dies mit jeder der drei verschiedenen Noten (G, B oder D) im Bass gespielt werden, wobei jede eine andere Umkehrung ist.

Ein G-Dur-Akkord mit dem Grundton im Bass (G, B, D) wird als Grundakkord bezeichnet.

Das Spielen der Terz im Bass (B, G, D oder B, D, G) ist ein 1. Umkehrungsdreiklang und wird als G/B geschrieben (ausgesprochen ‚G über B' und bedeutet einen G-Akkord über einer B-Bassnote).

Wenn man die 5. im Bass spielt, erhält man einen 2. Umkehrungsdreiklang von G/D.

Beispiel 3a zeigt drei Umkehrungen eines G-Akkords, beginnend mit einer E-förmigen Barré-Form.

Jedes Voicing enthält nur drei Noten, den Grundton, die 5. und 3. Dies ist ein Open-Voicing-Dreiklang, der manchmal als „Shell Voicing" bezeichnet wird. Solche reduzierten Voicings haben zwei Vorteile: Sie passen nicht nur gut in diesen musikalischen Kontext, weniger Noten machen den Wechsel zwischen den Voicings bei schnelleren Tempi auch wesentlich leichter.

In den folgenden Diagrammen werden die gespielten Noten als schwarze Punkte dargestellt, während die größere Barré-Akkord „CAGED"-Form mit hohlen Noten dargestellt wird, um dir einen gewissen Kontext zu geben. Spiel die hohlen Noten nicht.

G Major (E shape) G/B (D shape) G/D (E shape) G Major (C shape)

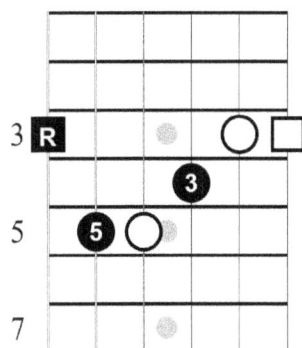 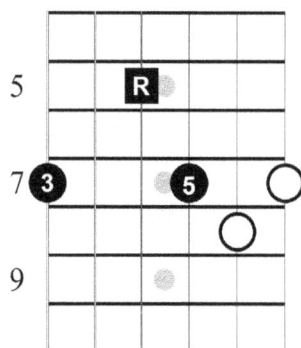 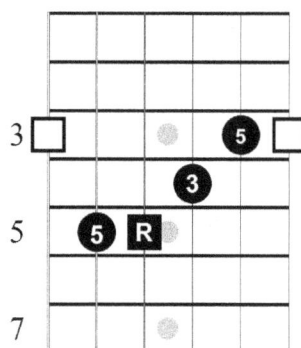 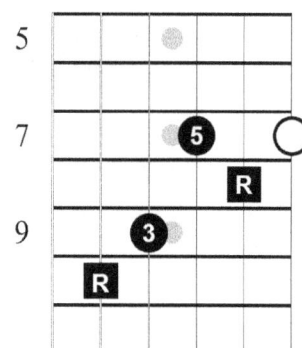

Beispiel 3a:

Im Swing werden Umkehrungen auf zwei Arten genutzt. Während sie verwendet werden, um sanfte Wechsel von Akkord zu Akkord zu erzeugen, werden sie auch verwendet, um Interesse zu wecken, wenn ein Akkord über einen längeren Zeitraum gehalten wird. Der Bob Wills-Klassiker ‚Stay a Little Longer' ist ein gutes Beispiel, da er mit vier Takten eines G-Dur-Akkords beginnt. Das folgende Beispiel zeigt, wie vier Takte G-Dur in der frühen Country-Musik gespielt werden konnten.

Beispiel 3b:

Das nächste Beispiel nimmt diesen G-Dur-Akkord, aber diesmal bewegt er sich zwischen einigen der obigen Umkehrungen, um Interesse zu wecken. Parts wie diese machen nicht nur Spaß und sind herausfordernd zu spielen, sie klingen auch großartig.

Beispiel 3c:

Beispiel 3d zeigt, wie sich ein Swing-Gitarrist einer langen Beschränkung auf einen Akkord nähern kann. Wenn du genau hinsiehst, wirst du feststellen, dass dieses Riff eine Melodie im Bass enthält. Dies hilft, den Part zu verbinden und ihn eher wie ein Riff als wie einen Akkordwechsel klingen zu lassen.

Der Rhythmus wurde hier etwas „gerade" notiert, daher ist es wichtig, ein Gefühl für die Dynamik dieses Stils zu bekommen, indem man dem Audio zuhört. Es gibt hier definitiv auch eine Menge Einfluss des berühmten Gypsy Jazz ‚la pompe' - Rhythmus. Verwende einen starken Akzent auf die Taktschläge 2 und 4, so sehr, dass die Taktschläge 1 und 3 oft nur eine einzige Note beinhalten.

Nimm dies aber nicht zu wörtlich! Die Idee ist, dass ein kleiner, sanfter Strum von einem größeren, härteren Strum gefolgt wird, um den Beat voranzutreiben. Hör dir das Audio aufmerksam an, um es selbst zu hören.

G/D (E shape)   C Major (G shape)   F Major (C shape)

Beachte die Melodie im tieferen Teil der obigen Akkorde. Obwohl C/E und F keine Umkehrungen von G sind, verbindet die Bewegung im Bass sie gut miteinander.

Beispiel 3d:

Neben diesen schnellen Umkehrungen enthält das Vokabular des Western Swing-Akkords auch weitere Erweiterungen, wie z. B. 7er und 6er Akkorde. Im Laufe der Zeit wirst du weitere Akkorderweiterungen lernen, aber die folgenden Basissounds werden dir immer gute Dienste leisten.

Beispiel 3e:

Das nächste Beispiel zeigt, wie ein Swing-Spieler diese Sounds verwenden kann, wenn er einen Blues begleitet. Die ersten vier Takte verweilen auf einem G-Dur, aber die mittlere Stimme der Akkorde ändert den Akkord von einem G-Dur zu einem GMaj7 zu einem G6 zu einem G7, was sich schließlich in einem C7 in Takt Fünf auflöst. Bei der Rückkehr zu G-Dur gibt es eine Wiederholung der drei zuvor untersuchten Umkehrungen.

Beispiel 3f:

Es gibt auch nützliche Umkehrungen und Erweiterungen, die für ‚A-Form'-Akkorde verwendet werden können. Während diese Sammlung von Akkorden nicht umfassend ist, reicht es sicherlich, eine anständige Menge von Ideen für eine C-Dur-Barré-Akkord zu skizzieren.

Beispiel 3g:

Einer der faszinierendsten Aspekte von Swing-Gitarristen ist, wie sie in der Lage sind, beide Bewegungen auf einem statischen Akkord zu erzeugen, aber auch Akkordwechsel fließend zu verbinden. Im folgenden Beispiel beginnst du mit einem G-Dur-Akkord und bewegst sich auf dem Hals mit Umkehrungen nach oben. Der Übergang zum C-Dur erfolgt über einen G7-Akkord, bevor er in Umkehrungen den Hals hinuntergeht und sich auf den ursprünglichen G-Dur-Akkord auflöst.

Beispiel 3h:

Ein weiterer gängiger Ansatz, der harmonisches Interesse weckt, ist das Spielen von Akkordtonleitern. Das nächste Beispiel zeigt Voicings für Akkorde in der Tonart G-Dur. Beachte die Verwendung des C6 in Takt Zwei als einen lieblicheren Klang als das erwartete Cmaj7.

Beispiel 3i:

Das nächste Beispiel teilt viele Akkorde mit der vorherigen Akkordtonleiter-Idee, aber anstatt Akkorde wie Bm7 und D7 zu spielen, wurden diese durch Umkehrungen des G-Dur-Dreiklangs ersetzt und führen zu demselben Basssatz, bleiben aber stark mit dem ursprünglichen G-Dur-Akkord verbunden.

Beispiel 3j:

Ein weiterer gängiger Trick ist es, verminderte Akkorde einen Halbton unter dem Akkord zu spielen, zu dem sie sich bewegen. Zum Beispiel, ein G#dim7 zwischen den Akkorden von G-Dur und Am7 zu spielen. Dadurch entsteht ein sehr weicher Übergang zwischen den Voicings.

In der Regel kannst du immer einen verminderten 7-Akkord einen Halbton unter dem Grundton des Akkords spielen, zu dem du dich bewegst.

Beispiel 3k:

Hier ist ein Beispiel für diese Idee, mit der ein Akkordriff auf einem C-Dur-Vamp erstellt wurde. Zuerst bewegt sich das C-Dur auf der Akkordtonleiter nach oben zu Dm7 (über einen verminderten Akkord), dann bis zu einem C/E über einen anderen verminderten Akkord. Dieser geht dann als Turnaround über ein II-V (Dm7 - G7) zurück nach C-Dur. Solche Ideen findest du überall auf Light Crust Doughboys Aufnahmen.

Das alles klingt sehr kompliziert, aber der wichtige Teil ist, dem Bass zuzuhören und ihn als Melodie zu behandeln und nicht als eine komplexe Sammlung von Substitutionen und Theorie.

Beispiel 3l:

Als nächstes kommt eine ähnliche Idee, aber diesmal auf den tiefsten Saiten und in der Tonart G-Dur.

Beispiel 3m:

Hier ist ein Beispiel, das dem ähnelt, was der große Eldon Shamblin gespielt haben könnte. Eldons Arbeit mit Bob Wills und seinen Texas Playboys ist ein leuchtendes Beispiel für den Stil. Diese Idee enthält einige neue Akkorde, darunter ein kniffliges Voicing für G7 und ein Eb6. Beide Voicings basieren auf einem C-Dur-Barré.

Beginnend mit einem G-Dur-Dreiklang, wird G7 gebildet, indem der Grundton zwei Bünde nach unten auf die b7 verschoben und ein G7/F erzeugt wird. An sich ist dieses Voicing ziemlich ungewohnt für die Ohren, aber zwischen G-Dur und C/E eingeklemmt, funktioniert das F im Bass gut, während es die Tonleiter hintergeht.

Beispiel 3n:

Das letzte Beispiel ist etwas detaillierter und skizziert eine sechzehntaktige Western Swing-Sequenz. Die Akkordfolge in den ersten vier Takten könnte man sich als G - A7 - D7 - G7 - E7 - A7 D7 vorstellen, aber wenn die Gitarre zwei Akkorde pro Takt spielt und sich den Hals hoch und runter bewegt, wird es ziemlich schnell interessant.

Über dem G-Dur-Akkord wurde ein Akkordtonleiter-Ansatz verwendet, der im Kontrast zu den Umkehrungen über dem A7-Akkord steht.

Über den D-Dur-Akkord spielen wir einen Walk-Down im Bass, beginnend mit dem Grundton (D), und bewegen uns über die b7, 6. und 5.

Für den Turnaround beginnen wir mit G-Dur und bewegen uns dann bis zu einem E7-Voicing in zweiter Umkehrung. Dieses Voicing geht chromatisch nach unten, um zu G-Dur zurückzukehren.

Die zweiten acht Takte beginnen mit der gleichen Bewegung von G-Dur nach A7. Ein neuer Trick wird auf dem A7-Akkord gezeigt, einfach den Akkord um einen Bund nach unten und wieder nach oben bewegen! Das braucht keine theoretische Erklärung, es klingt einfach gut!

Die letzten vier Takte zeigen einen weiteren Walk-Down im Bass, diesmal beginnend mit einem Em7-Akkord. Zum Schluss gibt es ein ‚II-V-I' in G, das mit einem klischeehaften 6/9-Voicing endet, das in der Country- und frühen Rockabilly-Musik üblich ist.

Beispiel 3o:

Diese Beispiele sollen dir die Ohren für den Klang dieses spannenden und einzigartigen Musikgenres öffnen.

Verbringe einige Zeit damit, die Musik von Bob Wills und seinen Texas Playboys sowie von Milton Brown And His Musical Brownies zu hören, um mit den Standards des Genres vertraut zu werden. Du wirst auch viel Einfluss der Gypsy Jazz Musik von Django Reinhardt und dem Quintette du Hot Club de France hören, da Songs wie „After You've Gone" von beiden gespielt wurden.

Dieses Musikgenre beeinflusste die Musik, die Jahre später aufkam, wie z.B. den beliebten Bakersfield-Sound, der den Swing als Hauptkomponente benutzte. Buck Owens würde mit dieser Musik bekannt werden, und Gitarristen wie Vince Gill mit seiner Band The Time Jumpers, halten sie heute am Leben.

Kapitel Vier: Hybrid-Picking-Riffs

Nachdem Rock and Roll die Welt erobert hatte und Rockabilly (ein zusammengesetzter Begriff aus Rock und Hillbilly) Kultstatus erlangte, begann Nashville mit der Produktion von Musik mit kommerziellem Erfolg an der Spitze der Prioritätenliste. Das Pop-Element der Country-Musik war sicherlich keine schlechte Sache, da es Acts wie Glen Campbell und Dolly Parton einem breiteren Publikum von jungen Leuten vorstellte, die nicht die gleiche Musik wie ihre Eltern hören wollten.

Im Laufe der Zeit wurden immer mehr Aromen in die Country-Musik eingebracht und an die traditionellen Geschmäcker des Landes angepasst. Kein Einfluss war stärker als die leicht übersteuerten Gitarrensounds der Rockmusik. Dieser Einfluss ging in beide Richtungen, da Rock-Acts wie die Rolling Stones, The Allman Brothers, Lynyrd Skynyrd und The Eagles begannen, mehr Ideen mit country-spezifischen Einflüssen zu verwenden. Dieser Sound ist auch heute noch stark vertreten, selbst in den Pop-Songs von Brad Paisley, Miranda Lambert und Carrie Underwood.

Die Integration von Rock im Country führte schließlich zu Truck-Driving Country Music, die Elemente von Outlaw, Rock, Honky-Tonk und Bakersfield zu einem Sound verband, der eine aufregende Richtung für etablierte Künstler wie Merle Haggard und Jerry Reed bildete, während sie gleichzeitig ein Instrument für Künstler wie Alan Jackson und Junior Brown schuf, um ein neues eigenes Publikum zu erreichen.

Ein großer Teil des authentischen Spielens dieses Stils ist die Verwendung von Plektrum und Fingern zusammen, allgemein bekannt als Hybrid-Picking. Hybrid-Picking macht nicht nur einige Dinge technisch einfacher zu spielen, es klingt auch ganz anders. Mit dem Hybrid-Picking kannst du mehr als eine Note gleichzeitig spielen, anstatt mit kurzem Zwischenraum (was beim Spielen mit einem Plektrum nicht zu vermeiden ist). Hybrid-Picking fügt auch ein wenig mehr „Spank" zu den Noten hinzu, wenn du die Saiten vom Griffbrett abziehst ... Nachdem sie gespielt werden, schlagen sie aggressiver gegen das Griffbrett zurück.

Als Erstes sollten wir uns daran gewöhnen, wie sich das Hybrid-Picking anhört und anfühlt. Spiele dieses Beispiel mit dem Mittel- und Zeigefinger gleichzeitig. Leg sie vor dem Zupfen auf die Saite und ziehe sie weg, um die Noten zum Klingen zu bringen. Einige Gitarristen wie Brent Mason verwenden Acrylnägel, um diesen Noten einen plektrumähnlichen Anschlag zu geben, aber persönlich benutze ich einfach die Kuppen der Finger. Beide Optionen sind in Ordnung.

Beispiel 4a:

Füge nun das Picking hinzu. Hier ist ein kurzes Beispiel, das auf einem E-Dur-Akkord basiert. Die erste Note wird mit dem Plektrum gespielt, dann wird der Doppelgriff mit den Fingern gezupft. Wechsle einfach zwischen beiden.

Versuche als Experiment, diese Idee nur mit dem Plektrum zu spielen. Obwohl es möglich ist, ist es viel mehr Arbeit und klingt überhaupt nicht gleich.

Beispiel 4b:

Als nächstes ist es wichtig, den ‚Pinch' (das Kneifen) zu üben, d. h. wenn du das Plektrum und die Finger zusammen verwendest.

Beispiel 4c:

Bevor du eine Synkopierung hinzufügst, ist es wichtig, sich an das Plektrum zu gewöhnen, das zwischen der sechsten und vierten Saite wechselt. Dieses Beispiel lehrt diese Idee, indem es die Bassnoten mit Abwärtsbewegungen spielt.

Beispiel 4d:

Wie im vorherigen Beispiel spielt das Plektrum weiterhin auf allen 4 Taktschlägen. Der Pinch erfolgt nur bei den Schlägen 2 und 4. Das Plektrum spielt immer noch die tiefen Töne. Die Notation verwendet nach unten gerichtete Hälse für Noten, die mit dem Plektrum gespielt werden, und nach oben gerichtete Hälse für Noten, die mit den Fingern gespielt werden.

Beispiel 4e:

Das nächste Beispiel erweitert die vorherige Idee um die Synkopierung. Der zweite Doppelgriff wird um eine 1/8-Note nach vorne gezogen, um einen akzentuierten Offbeat zu erzeugen. Dies ist ein großer Teil des Rockabilly-Stils, während das Travis-Picking Country-Fingerstyle-Thema im zweiten Buch viel tiefgehender behandelt wird.

Beispiel 4f:

Hier ist ein Beispiel, bei dem du die Doppelgriffe doppelt zupfen musst, um ein interessantes rhythmisches Muster zu erzeugen, das aus zwei Dreiergruppen besteht, gefolgt von einer Zweiergruppe. Obwohl der Takt acht Noten enthält, wurde der traditionelle Backbeat nun entfernt. Anstatt die 2 und 4 zu betonen, zähle „1 2 3 1 2 3 1 2" und betone die 1er, um dir eine bessere Vorstellung vom Gefühl zu bekommen.

Beispiel 4g:

Das nächste Beispiel ist ähnlich wie das Rhythmusspiel, das man in Merle Haggards Band hören kann. Basierend auf einem E7-Akkord, verwende das Plektrum für die Noten auf der tiefen E-Saite und die Finger für die Doppelgriffe. Dieses Beispiel erfordert ein straffes Zeitmanagement in der Greifhand, da du offene Saiten zupfen und auf eine gegriffene Note hämmern musst. Benutze den Zeigefinger für die gehämmerte Note, dann greife beide Noten auf dem zweiten Bund mit einem Mittelfinger-Barré.

Beispiel 4h:

Beispiel 4h verschönert das vorherige Riff, um vier Takte abzudecken. Im zweiten Takt musst du die hohe E-Saite spielen und alle Saiten klingen lassen. Wie bei den Doppelgriffen verwende einen Finger der zupfenden Hand, um diese Note zu spielen. Im letzten Takt wird die gleiche Idee gespielt, aber diesmal endet sie mit einer Wechselschlag-Idee auf den Saiten D und A.

Beispiel 4i:

Das nächste Beispiel ist beeinflusst von Boogie-Woogie-Bands, indem es einen soliden Strom von 1/8-Noten verwendet. Um den Doppelschlag mit dem Plektrum auszuführen, ist es am einfachsten, einen Aufschlag gefolgt von einem Abschlag zu spielen (wie oben in der Tabulatur angegeben). Solche Ideen sind im Blues ebenso zu Hause wie in der Country-Musik.

Beispiel 4j:

Hier ist eine Idee ähnlich wie bei Beispiel 4g, aber diesmal in der Tonart A. Im zweiten Takt gibt es einen kleinen melodischen Trick im Doppelgriff, der einen A5-Akkord nimmt und die tiefste Note von der 5. hinunter zur b5. bis zur 4. bewegt. Dies gibt nicht nur einen angenehmen bluesigen Touch, sondern eröffnet auch einige Klangoptionen beim Riff-Spiel.

Beispiel 4k:

Das nächste Beispiel erweitert die vorherige Idee, indem es mehr Single Notes hinzufügt und die Doppelgriffe als Akzente im Rhythmus belässt. Während es hier Noten gibt, die als Teil einer Tonleiter gesehen werden könnten, geht es bei ihnen mehr darum, Akkordtöne miteinander zu verbinden als eine eigene Tonleiter an sich. Wir werden uns später die Tonleitern ansehen!

Beispiel 4l:

Hier ist ein Beispiel, das die tiefen offenen E- und mit dem Finger gezupften Doppelgriffe als Ausgangspunkt verwendet, aber einen Walk-up für melodisches Interesse am Bass hinzufügt. Verwende das Plektrum für die Single Notes und die Finger für die Doppelgriffe.

Beispiel 4m:

Das nächste Beispiel wendet das Hybrid-Picking-Konzept auf eine Akkordfolge an, um dir eine bessere Vorstellung davon zu vermitteln, wie jemand wie Brad Paisley es in einem Song verwenden würde. In der Tonart E gespielt, ist diese I, V, vi, IV-Sequenz mit einfachen Akkordmustern umrissen, so dass du beim Hinzufügen der Single Notes den ursprünglichen Barré-Akkord nicht aus den Augen verlierst.

Beispiel 4n:

Das letzte Beispiel in diesem Kapitel verwendet Hybrid-Picking-Riffs für eine Akkordfolge in der Tonart G. Der G-Dur-Akkord wird in offener Position gespielt, während der C-Dur und D7 Barré-Akkorde in höheren Positionen verwendet werden.

Beispiel 4o:

Hoffentlich kannst du sehen, dass in der Country-Musik Akkorde als individuelle Ereignisse betrachtet werden und als solche verschönert werden. Anstatt die Tonleiter von G-Dur über eine ganze Sequenz in G zu spielen, ist der Denkprozess dem Jazz viel näher, wo jeder einzelne Akkord als eigenständige Einheit behandelt und verziert wird.

Teil Zwei: Tonleitern, Arpeggien und Leadgitarre

Im zweiten Teil entwickelst du eine ganze Reihe von Tonleitern, Arpeggien und Solo-Ansätzen, die sich auf die Country-Musik anwenden lassen.

In diesem Abschnitt lernst du:

- Tonleiter-Theorie

- Offene Positionstonleitern

- Bewegliche Tonleitern

- Das CAGED-System

- Solo mit Intervallen

- Beziehungen zwischen Akkorden, Arpeggien und Tonleitern

- Wie man Patterns verwendet, um echte Musik zu machen.

- Arpeggio-Konzepte

- Solo-Ideen

Die Beherrschung der Fertigkeiten in diesem Abschnitt befreit den Geist davon, beim Spielen zu viel über den Hals nachzudenken und die Finger auf die technisch anspruchsvolleren Aspekte der Country-Gitarre wie Banjo Rolls und offene Saiten-Ideen vorzubereiten.

Stürze dich nicht durch diese Ideen, nimm dir Zeit und scheue dich nicht, zu früheren Kapiteln zurückzukehren, um Konzepte, Techniken und Theorie zu überprüfen. Höre so viel wie möglich Country-Musik und versuche, die Techniken in allem, was du hörst, zu erkennen.

Kapitel Fünf: Country Tonleiter-Grundlagen

Um dein Wissen über Akkorde, Harmonie und Solo zu erweitern, ist es wichtig, sich mit den Klängen und gängigen Fingersätzen einer Auswahl von Country-Musik-Tonleitern vertraut zu machen.

Dieses Kapitel wird dein Wissen über Intervalle erweitern und Kenntnisse zu folgenden Themen vermitteln:

• der Moll-Pentatonik-Tonleiter

• der Blues-Tonleiter

• der Dur-Pentatonik-Tonleiter

• der „Country"-Tonleiter

• Offene Positions-Fingersätze

• Bewegliche Formen

• Parallele vs. abgeleitete modale Theorie

Aus dem Griechischen „Penta" stammend, was „fünf" bedeutet, und „Tonika", was „basierend auf der Grundtonart" bedeutet, ist eine pentatonische Tonleiter jede Tonleiter, die aus fünf Noten besteht.

Die Moll-Pentatonik ist das Arbeitspferd unzähliger angesehener Country-, Blues-, Rock-, Metal- und sogar Jazz-Musiker; viele der größten Musiker aller Zeiten verwenden sie ausschließlich, ohne das Bedürfnis zu verspüren, sich woanders umzusehen, um genredefinierende Sounds zu kreieren. Also wäre es töricht, sie zu übersehen!

Beispiel 5a zeigt die E-Moll-Pentatonik, die in der offenen Position gespielt wird. Mach dir in diesem Stadium nicht zu viele Sorgen um die Technik oder Theorie des Picking, sondern konzentriere dich einfach darauf, den Klang der Tonleiter zu hören.

Beispiel 5a:

Wie bereits erwähnt, kann mit dieser Tonleiter viel erreicht werden, einschließlich der Bewegung der gesamten Form den Hals auf oder ab, um jeder Tonart gerecht zu werden. Zum Beispiel ist hier die gleiche Tonleiter, die den Hals um drei Bünde nach oben verschoben wurde, um dir die G-Moll-Pentatonik zu ergeben. Beachte, dass sich der Grundton auf der tiefen E-Saite befindet und mit dem Zeigefinger gespielt wird.

Beispiel 5b:

Wenn du dir diese Tonleiter in einem Diagramm ansiehst, hast du die Möglichkeit, die Intervalle im Spiel zu sehen. Intervalle sind es, die einer Tonleiter ihren Charakter verleihen. Bestehend aus dem Grundton (R), der kleinen Terz (b3.), der reinen Quarte (4.), der reinen Quinte (5.) und der kleinen Septime (b7.), enthält die Tonleiter die gleichen Noten wie ein Moll-7-Akkord (R, b3, 5, b7), jedoch mit einer zusätzlichen 4.

G Minor Pentatonic
scale

Man könnte vermuten, dass dies bedeutet, dass die G-Moll-Pentatonik ausschließlich über Moll-Akkorde funktioniert, aber die Wahrheit ist ein wenig überraschend. Während die kleine Terz einer G-Moll-Pentatonik-Tonleiter in der Tat schrecklich mit der großen Terz eines G-Dur- oder G7-Akkords kollidieren sollte, so ist das Ergebnis eine angenehme Spannung, die am besten als „bluesig" oder „körnig" beschrieben werden kann.

Beispiel 5c zeigt die G-Moll-Pentatonik, die gegen einen G-Moll-Akkord-Vamp gespielt wird. Es klingt gut zusammen und die die Qualität des Akkords wir auf angenehme Weise eingefangen.

Beispiel 5c:

Das nächste Beispiel verwendet einen anderen G-Moll Pentatonischen Lick gegen einen G-Dur-Akkord, um zu sehen, wie es klingt.

Du wirst feststellen, dass ich diese b3. (Bb) ein wenig höher bende, um eine bluesige Qualität zu erzeugen, das ist bekannt als „Blues Curl" und hebt die Note nicht ganz von Bb nach B an, deutet aber auf etwas dazwischen hin.

Beispiel 5d:

Wenn du dich mit Tonleitern auf der Gitarre auseinandersetzen willst, ist es wichtig zu verstehen, dass dein Gehör deinen technischen Fähigkeiten entsprechen, wenn nicht sogar übertreffen muss. Du musst alle deine Ideen und Übungen in einem harmonischen Kontext üben, damit du nicht nur lernst, wie man den Lick spielt, sondern auch eine Beziehung zu ihm im Kontext aufbauen und verinnerlichen, was für ein Gefühl er in dir auslöst.

Um einen schnellen Backing Track zu erstellen, benutze ich beim Üben ein Looper-Pedal von TC electronic. Es wiederholt einen Akkord auf unbestimmte Zeit, so dass ich den harmonischen Kontext nie verliere; es gibt zahlreiche Möglichkeiten, wenn es darum geht, Backing Tracks aufzunehmen, aber das fühlt sich für mich am schnellsten und am besten an.

Während es wichtig ist, Tonleitern zu lernen, die den gesamten Hals abdecken, ist es in diesem Stadium sinnvoller, die Kontrolle einer Tonleiter in einem Bereich zu verfeinern, bevor zusätzliche Fingersätze und Positionsverschiebungen eingeführt werden. Allerdings ist es auch nützlich, kleine zusätzliche Noten zu haben, die oben oder unten in ein Muster eingefügt werden können, um dein Vokabular zu erweitern.

Zum Beispiel ist unten die G-Moll-Pentatonische Tonleiter aus dem vorherigen Beispiel, diesmal mit einem kleinen zusätzlichen Bereich oben und unten. Das wird sich bald als nützlich erweisen.

Extended G Minor Pentatonic scale

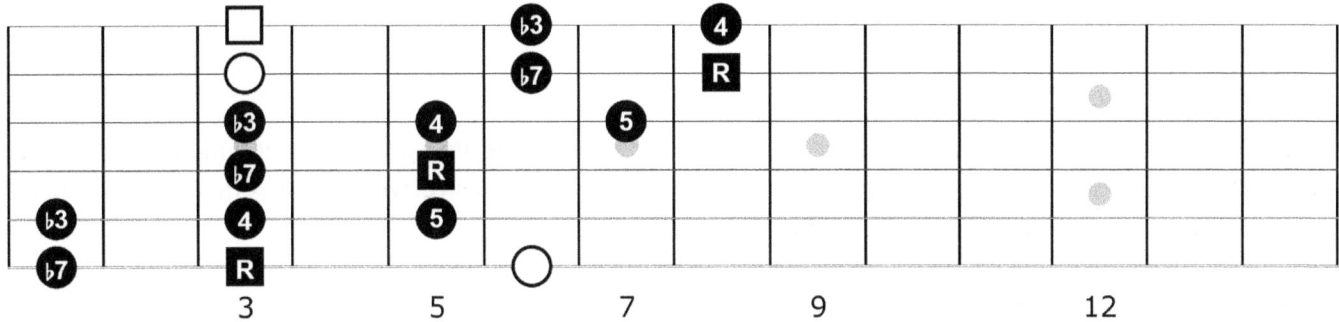

Du wirst feststellen, dass einige der Noten hohl sind, dies soll dir helfen, eine „Roadmap" zu skizzieren, mit der du den Hals aufsteigen kannst. Die weißen Noten sind mögliche Griffe der Tonleitertöne, die im folgenden Beispiel jedoch neu gefasst wurden, um eine einfachere Linie zu erzeugen.

Um die drei aufeinanderfolgenden Noten auf der A-Saite zu spielen, verwende den Zeigefinger auf dem 1. Bund, den Ringfinger auf dem 3. Bund und verlagere dann den Ringfinger, um den 5. Bund zu spielen.

Beispiel 5e:

Der folgende Lick ist ein Beispiel dafür, wie häufig dieser Ansatz mit zusätzlichen Noten ist: Ich entscheide mich dafür, zum 5. Bund auf der G-Saite zu sliden, anstatt die gleiche Note auf der H-Saite zu nehmen. Das ist nicht nur einfacher, sondern auch die Artikulation ist anders. Der Slide fügt dem Lick etwas hinzu und ist ein großer Teil davon, warum er so klingt, wie er klingt.

Beispiel 5f:

Dieses letzte kleine pentatonische Beispiel verwendet die vorherige Positionsverschiebungs-Idee, wird aber diesmal in der offenen Position wiedergegeben. Hier wird die Tonleiter verwendet, um einen stiltypischen Fill zwischen dem Backbeat auf dem E-Dur-Akkord zu erzeugen.

Beispiel 5g:

Die nächste Tonleiter könnte als Hexatonik bezeichnet werden, was bedeutet, dass sie sechs Noten enthält. Wenn du dir jedoch das folgende Diagramm ansiehst, wirst du feststellen, dass sie die gleiche Form wie die frühere Moll-Pentatonik-Tonleiter hat, aber mit einer zusätzlichen Note. Während meiner Lehrtätigkeit habe ich noch niemanden getroffen, der diese als eine neue Tonleiter betrachtet, da es sich offensichtlich um eine Moll-Pentatonik-Tonleiter mit einer zusätzlichen Note handelt. Die zusätzliche Note ist ein b5-Intervall (oft als Blue Note bezeichnet).

G Blues scale

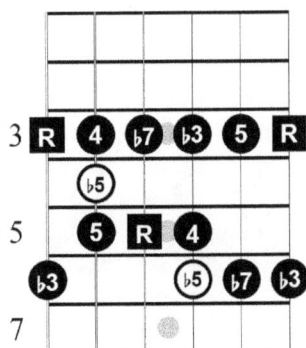

Diese b5 hat einen sehr ausgeprägten Klang und wird normalerweise als interessante Durchgangsnote verwendet, kann aber auch als dunkle Note zum Verweilen gespielt werden. Finde heraus, wie diese Note klingt, bis sie etwas ist, das du deinem Spiel nach Belieben hinzufügen kannst.

Beispiel 5h:

Das „Problem" mit den obigen Tonleitern ist, dass sie zwar in der Country-Musik verwendbar sind, aber dazu neigen, dem Country-Vokabular einen Blues-Einfluss hinzuzufügen, was zu einer traurigen, Moll-Stimmung führt. Wenn du zeitlose Country-Musik hörst, ist ein Großteil davon in Dur, so dass die Möglichkeit, einen Dur-Sound zu spielen, für das Genre unerlässlich ist.

Die erste Anlaufstelle für jeden ernsthaften Country-Musiker ist die Dur-Pentatonik-Tonleiter, die fröhliche, aber dennoch gefühlvolle Cousine der Moll-Pentatonik. Die Intervalle in der G-Dur- und G-Moll-Pentatonik werden im Folgenden verglichen:

G Major Pentatonic
scale

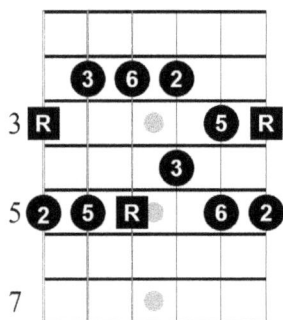

G Minor Pentatonic
scale

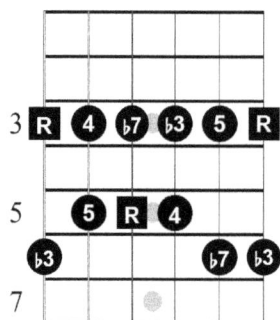

Im Vergleich zur Moll-Pentatonik gibt es in der Dur-Pentatonik deutlich andere Intervalle. Während die Moll-Pentatonik-Tonleiter R, b3., 4., 5. und b7. enthält, lässt die Dur-Pentatonik die dunkleren b3., 4. und b7. zugunsten der lieblicher klingenden 2., 3. und 6. fallen, die eine Formel von 1, 2, 3, 5, 6 ergeben.

Ich finde es hilfreich, jeder Tonleiter einen Akkordklang zuzuordnen, so dass ich, wenn jemand fragt: „Wie klingt die Dur-Pentatonik-Tonleiter?", einfach einen Akkord spielen kann, der sofort die richtige Stimmung der Tonleiter erzeugt. Denke daran, dass Akkorde von Tonleitern stammen, und ein Akkord ist nichts anderes als bestimmte Noten einer gleichzeitig gespielten Tonleiter.

Mit der G-Moll-Pentatonik-Tonleiter ergeben die R, 3., 5. und 7. die R, b3., 5., b7. – oder einen Moll-7-Akkord.

Beispiel 5i:

Ausgehend von den Intervallen der Dur-Pentatonik-Tonleiter erzeugen die R, 3., 5. und 6. einen G6-Akkord.

Beispiel 5j:

Ein Trick, der von Gitarristen oft verwendet wird, ist die Verwendung der Moll-Pentatonik-Tonleiter, um die Dur-Pentatonik zu spielen.

Es ist einfach, die Moll-Pentatonik-Tonleiter-Form, die du bereits kennst, zu verwenden, um eine Dur-Pentatonik-Tonleiter mit der gleichen Grundtonart zu bilden. Bewege einfach die Moll-Pentatonik-Tonleiter um drei Bünde nach unten. Dein kleiner Finger sollte nun auf dem Grundton sein, wo dein Zeigefinger ursprünglich war.

Spiele zum Beispiel die C-Moll-Pentatonik, indem du deinen Zeigefinger auf den 8. Bund der tiefen E-Saite legst. Dann bewege die ganze Form drei Bünde nach unten, so dass sich dein kleiner Finger nun auf dem achten Bund befindet. Spiele die Noten der Moll-Pentatonik-Tonleiter-Form, beginnend und endend mit dem kleinen Finger auf dem 8. Bund. Du spielst jetzt eine C-Dur-Pentatonik-Tonleiter. Spiele dies über einen C-Dur-Akkord-Vamp, um den Effekt zu hören.

Beispiel 5k:

Hier ist ein klassischer Country-Lick mit diesem Muster. Beachte die Verwendung des Eb, um sich dem E zu nähern; diese Bewegung ist in diesem Stil sehr verbreitet.

Beispiel 51:

Wir können auch die Blues-Tonleiter verwenden und sie auf die Dur- und Moll-Beziehung anwenden. Das Spielen der Blues-Tonleiter-Form als eine Dur-pentatonische Idee ist sehr verbreitet und wird als Country-Tonleiter bezeichnet.

C Country scale

Dies ist keine allumfassende Tonleiter, die jeden in einen Country-Picking-Meister verwandelt, aber die Kombination aus dieser lieblichen Dur-Pentatonik und der zusätzlichen bluesigen b3 erzeugt einen einzigartigen Sound, der in den meisten Country-Gitarrensoli zu hören ist.

Wie bei der b5 in der Blues-Tonleiter ist die b3 in der Country-Tonleiter eine Spannungsnote, die vorsichtig behandelt werden sollte, ihre häufigste Verwendung ist die chromatische Annäherung an die natürliche Terz, wie im folgenden Lick gezeigt.

Beispiel 5m:

Ein weiterer gängiger Ansatz für Country-Musik-Soli ist die Verwendung einer Dur-Tonleiter über eine volle Akkordfolge in einer Tonart. Zum Beispiel, wird die Dur-Tonleiter über jeden Akkord in der Tonart G-Dur funktionieren, so dass du für Akkordfolgen wie G / Em / C / D7 alle vier Akkorde so behandeln kannst, als ob sie von der G-Dur-Tonleiter kommen. Lass uns einen Blick auf einige dieser Dur-Tonleitern werfen und ein paar Licks lernen.

Hier sind die wichtigsten Dur-Tonleitern in der offenen Position. Diese sind ein großer Teil des Country-Musikstils.

Spiele zuerst den notierten Akkord, um den Klang der Tonart in dein Ohr zu bekommen, dann spiele die Tonleiter langsam genug, um wirklich zu hören, was du spielst. Versuche, jede Note zu hören, bevor du sie spielst, denn dies hilft nicht nur, dein Gehör zu entwickeln, sondern versetzt dich auch in eine Position der reaktiven Improvisation.

Zuerst ist eine offene C-Dur-Tonleiter zu sehen.

Beispiel 5n:

Hier ist ein typischer Lick unter den Bluegrass-Gitarristen. Er hält sich dicht an der Tonleiter, abgesehen von der zusätzlichen b3. (Eb) gegen Ende des Licks.

Beispiel 5o:

Als nächstes kommt eine G-Dur-Tonleiter (G, A, B, C, D, E, F#). Wenn du diese Tonleiter spielst, achte auf die Position der neuen Note (F#). Dies wird dir nicht nur helfen, den Unterschied zwischen den Tonleitern zu erkennen, sondern es wird dir auch helfen, zu lernen, wo Noten auf dem Hals sind.

Beispiel 5p:

Hier ist eine tolle kleine Country-Melodie mit dieser Tonleiter.

Beispiel 5q:

Und noch ein weiterer Lick, der etwas anspruchsvoller ist.

Beispiel 5r:

Als nächstes folgt eine D-Dur-Tonleiter, die die Note C# (D, E, F#, G, A, B, C#) einführt.

Beispiel 5s:

Hier ist ein Lick mit dieser Tonleiter. Wie bei den vorherigen Beispielen wurde die b3. (F) verwendet, um es etwas mehr nach Country klingen zu lassen.

Beispiel 5t:

Die A-Dur-Tonleiter fügt ein G# zum Mix hinzu (A, B, C#, D, E, F#, G#).

Beispiel 5u:

Dieser Lick in A-Dur zeigt, dass, wenn du mehr Vorzeichen hinzufügst, diese Licks etwas schwieriger zu spielen sein können.

Beispiel 5v:

Eine letzte offene Tonleiter, die es zu lernen gibt, ist E-Dur, die ein D# einführt (E, F#, G#, A, B, C#, D#).

Beispiel 5w:

Hier ist ein Lick, den du in einem der späteren Soli sehen wirst. Beachte, wie Noten, die einen Ton voneinander entfernt sind, mit chromatischen Durchgangstönen verbunden sind. Das ist nichts, was man übermäßig analysieren muss; es fügt sich gut unter die Finger und klingt gut.

Beispiel 5x:

Das nächste Beispiel ist eine typische Sololinie im Bluegrass-Stil mit der G-Dur-Tonleiter, um eine Vorstellung davon zu vermitteln, wie beeindruckende Picking-Meister wie Tony Rice oder Doc Watson offene Positionen nutzen.

Der kniffligste Teil dieses Stils ist die Disziplin, Leersaiten-Noten mit gleichen rhythmischen Werten wie die gegriffenen Noten zu spielen. Viele Gitarristen benutzen die Greifhand, um die Zupfhand in Schach zu halten; ein Finger geht nach unten – du zupfst eine Note. Wenn wir jedoch Leersaiten-Noten einführen, kann diese Automatisierung verloren gehen. Nimm dir Zeit und stelle sicher, dass du offene Saiten und gegriffene Noten gleichmäßig in diesen Tonleitern kombinieren kannst, da diese Technik später sehr wichtig wird.

Beispiel 5y:

Hier ist eine weitere Melodie vom Bluegrass-Typ, diesmal in der Tonart D-Dur.

Beispiel 5z:

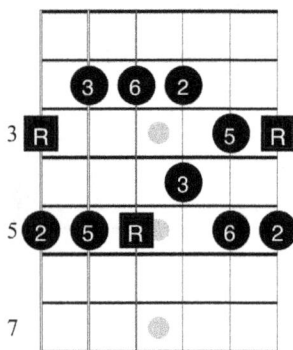

Die offensichtliche Herausforderung bei den bisher untersuchten fünf „offenen" Tonleitern besteht darin, dass sie alle unterschiedlich gegriffen werden. Es ist jedoch möglich, eine bewegliche Form (wie ein Barré-Akkord) zu verwenden, um eine beliebige Tonleiter zu spielen, unabhängig davon, in welcher Tonart du dich befindest.

Ausgehend von der Dur-Pentatonik-Tonleiter füllen wir die anderen Noten aus, die zur Erstellung einer beweglichen Dur-Tonleiter erforderlich sind.

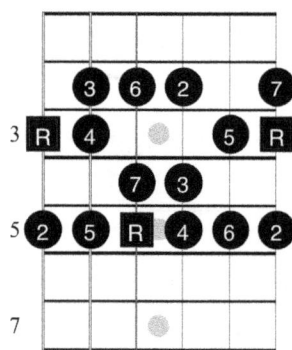

Obwohl dies nicht die einzige bewegliche Form ist, ist es ein guter Ausgangspunkt, wenn man in einer Dur-Tonart solo spielt.

Das folgende Beispiel zeigt einen Country-Lick, der in vier verschiedenen Tonarten gespielt wird, indem man die Form einfach den Hals auf und ab bewegt. Im Vergleich zur Entwicklung des Vokabulars mit Hilfe von offenen Positionstonleitern sollte sich dies beim Eröffnen des Griffbretts leicht anfühlen.

Beispiel 5z1:

Jedes Beispiel wurde bisher über Dur-Akkorde gespielt. Während Dur-Akkorde in der Country-Musik ständig vorkommen, ist es oft üblich, Sequenzen mit Dominant-Akkorden zu finden.

Ein Dominant-7-Akkord besteht aus einem Dur-Dreiklang mit einer zusätzlichen 7. Die „richtige" Tonleiter, um über einen Dominant-7-Akkord zu spielen, wird oft als „Mixolydischer Modus" bezeichnet, aber in der Country-Musik wird der Mixolydische Modus normalerweise nur als Dominant-7-Tonleiter bezeichnet, oder als Dur-Tonleiter mit einer b7.

G Major scale   G Mixolydian mode

Ich denke die „Mixolydischen Tonleiter in G" oft als die ‚G7'-Tonleiter, weil es die Tonleiter ist, die über einen G7-Akkord passt. Es enthält die Intervalle dieses Akkords und ist meine erste Wahl für melodische Ideen.

Das folgende Beispiel zeigt den Klang der Dominant-7-Tonleiter, um die G7-Harmonie genau zu umreißen. Beachte die Verwendung von Bb als Annäherung für die 3. von G7 (B).

Beispiel 5z2:

Hier ist noch ein weiterer Lick mit dieser Tonleiter.

Beispiel 5z3:

Das ultimative Ziel ist es, alle verfügbaren Noten als einfache Töne zu sehen, die dir zur Verfügung stehen. Es gibt zwölf Noten, und jede hat ihren eigenen, einzigartigen Klang über verschiedene Akkorde hinweg. Während es üblich ist, Notensätze, die zusammen großartig klingen, als „Tonleitern" zusammenzufassen, sind die anderen Noten nicht unspielbar, sondern lediglich ungewöhnliche Klänge, die Zeit brauchen, um gemeistert zu werden. Es ist auch in Ordnung, Tonleitern zu mischen und anzupassen, um den gewünschten Sound zu erhalten.

Es gibt noch viel mehr Tonleitern, Modi und Arpeggien zu lernen, aber Musiker bauen kein Wissen auf, indem sie einfach nur die Musiktheorie kennen. Das wichtigste Wissen wird durch musikalische Erfahrung erworben, so dass der nächste Schritt darin besteht, ein Gefühl für traditionelle Country-Licks und Vokabeln zu bekommen und zu lernen, wie viele Country-Gitarristen diese Sprache am Gitarrenhals verwenden.

Kapitel Sechs: CAGED-Positionen

Einer der lohnendsten Aspekte der Country-Gitarre ist, wie dir das Genre ein harmonisches Bewusstsein schafft, und auch das Erlernen der Navigation über den gesamten Hals ist ein Großteil des Sounds von allem, von Albert Lee bis hin zu Johnny Hiland.

Die gebräuchlichste Methode zur Visualisierung des Gitarrenhalses ist es, Licks und Phrasen als Verzierungen für kleine Akkordformen zu sehen. Diese Technik geht bis in die 20er Jahre zurück und ist nichts anderes als gesunder Menschenverstand: Jede kleine Akkordform ist ein dreiteiliges Fragment (Dreiklang), das als harmonischer Anker verwendet wird. Es ist dann einfach, diesen Anker mit Melodien zu verzieren, ohne dabei den Klang des Akkords zu verlieren.

Im Laufe der Zeit hat sich dieser Anker-Ansatz zu einem vollständigen System der Visualisierung entwickelt, das an Institutionen auf der ganzen Welt gelehrt wird, da er der Harmonie große Bedeutung beimisst. Es ist eine perfekte Denkweise beim Spielen von Blues, Jazz und Country-Musik. Dieses ‚CAGED'-System ist wirklich nichts anderes als das Ergebnis der natürlichen Geometrie des Halses. Obwohl es CAGED-System genannt wird (engl. caged=eingesperrt), „befreit" dich der Ansatz eigentlich komplett und erlaubt dir, überall auf dem Gitarrenhals frei zu spielen.

Bisher hast du dir eine Auswahl von Tonleitern angesehen, die mit dem Grundton auf der tiefen E-Saite begonnen haben. Dies entspricht einem Fünftel des Systems. Dies ist ein ziemlich großer Teil, aber lass uns einen Schritt zurückgehen und schauen, wie diese Tonleiter in das CAGED-System passt.

Das CAGED-System beginnt mit der Betrachtung der fünf offenen Akkorde C, A, G, E und D.

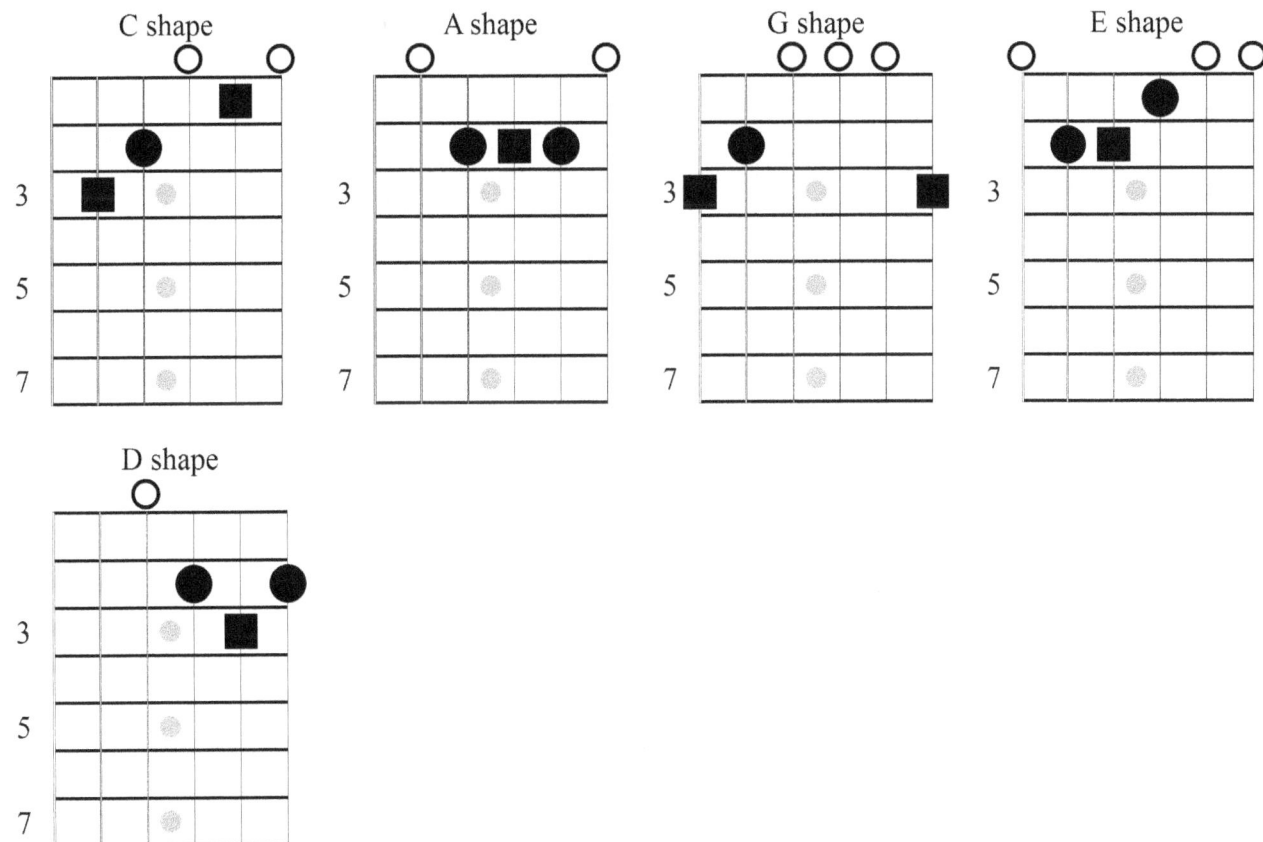

C shape

A shape

G shape

E shape

D shape

Ich unterteile jeden Akkord in eine von zwei Kategorien: Akkorde, bei denen die Noten ,hinter' dem Grundton liegen, und Akkorde, bei denen die Noten ,vor' dem Grundton liegen.

So wird beispielsweise beim C-Dur-Akkord der Grundton mit dem Ringfinger gespielt. Die anderen Noten im Akkord befinden sich hinter dieser Note, da sie auf den unteren Bünden liegen (näher am Sattel der Gitarre). Das Gleiche gilt für den G-Dur-Akkord.

Im A-Dur-Akkord befindet sich der Grundton auf der offenen A-Saite, und die anderen Noten des Akkords befinden sich vor (auf höheren Bünden) dieser Note. Die Akkorde E-Dur und D-Dur passen beide in diese Kategorie.

Jede dieser CAGED-Akkordformen kann als Barré gespielt und somit überall am Hals bewegt werden. Wenn wir beispielsweise die C-Form in Halbtönen nach oben verschieben, können wir die Akkorde von C#-Dur, dann D-Dur, D#-Dur usw. spielen.

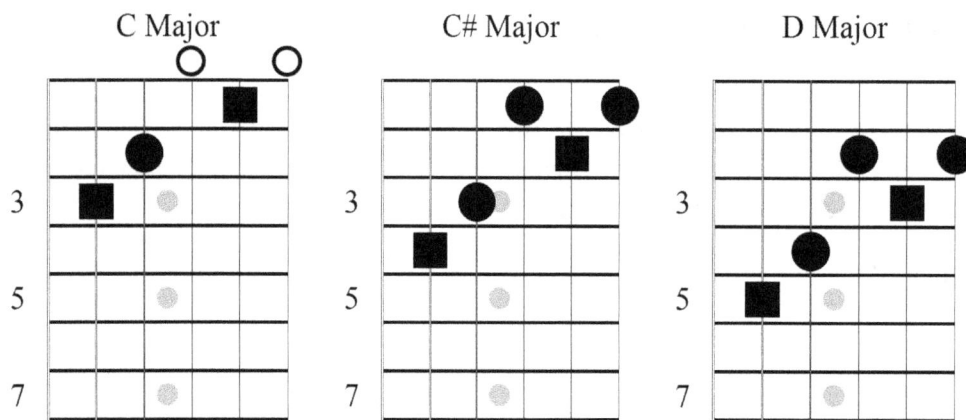

Mit jeder der CAGED-Formen (und mit einem Bewusstsein dafür, wo sich die Grundtöne auf dem Griffbrett befinden) können wir nun jeden Akkord an fünf verschiedenen Stellen am Gitarrenhals spielen.

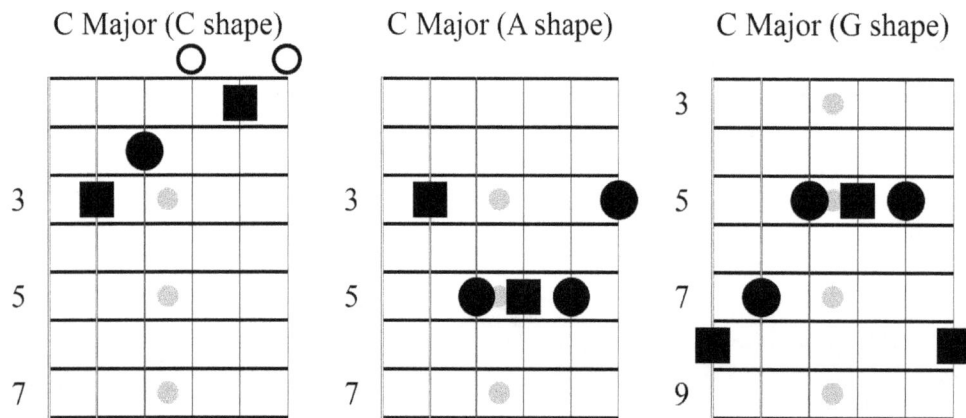

C Major (E shape)   C Major (D shape)

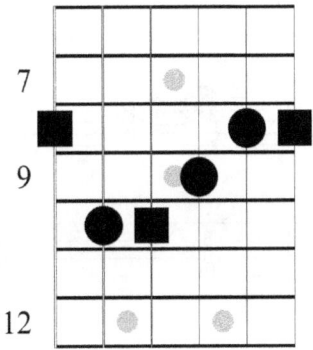

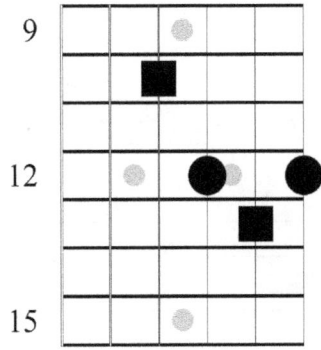

Einige dieser Formen haben die gleiche Grundtonposition (z. B. haben die Formen „A" und „C" von C-Dur beide einen Grundton auf dem dritten Bund). Hier ist die Idee der „Vorwärts-" und „Rückwärtsformen" wichtig. Versuche, nicht zu viel Vorurteile in Richtung einer Form zu haben, sonst könntest du einige Grauzonen in deinem Griffbrettwissen finden. Es ist in Ordnung, sich in einigen Positionen stärker zu fühlen als in anderen, aber du willst keine leeren Stellen am Hals.

Das nächste Beispiel zeigt, wie diese kleinen harmonischen Fragmente (Dreiklänge) auf den Hals fallen und wie sie sich auf die CAGED-Akkorde beziehen. Jede Drei-Ton-Gruppierung enthält die benachbarten Noten C, E und G.

Takt 1 fällt um die A-Form des CAGED-Systems.

Takt 2 fällt um die E-Form, und Takt 3 fällt um die C-Form.

Du wirst bald feststellen, dass Unmengen von Country-Gitarre um diese grundlegenden Akkordformen herum gebaut ist.

Beispiel 6a:

Diese Dreiklänge können verwendet werden, um interessante Akkordideen rund um jede Akkordfolge zu spielen:

Beispiel 6b:

Hier ist die gleiche Dreiklang-Roadmap, aber melodisch umrissen. Das Tolle daran ist, dass dieser Ansatz überhaupt nicht nach Tonleiterspielen klingt; in den meisten Fällen spielt man die Noten des Dreiklangs, aber verschönert sie mit Noten, die einen Halbton tiefer sind. So haben sich die Country-Gitarristen schon früh dem Solo nähert, da es zu Soli mit einem starken Sinn für Harmonie führt.

Beispiel 6c:

Das ist auch mein Ansatz, wenn ich solo spiele. Selbst wenn ich viele Noten spiele, ist alles, was ich normalerweise tue, kleine drei- oder viersaitige Akkord-Voicings zu verzieren, die ich mir am Hals vorstelle.

Um zu sehen, wie dieser Ansatz in der Country-Musik angewendet wird, habe ich ein Beispiel über einen A7-Vamp geschrieben. Sieh dir die folgenden drei Diagramme an, die einen A-Dreiklang und einen G-Dreiklang zeigen (drei Noten auf der Mixolydischen Tonleiter in A).

Die Dreiklänge sind als schwarze Noten dargestellt, während die anderen Noten des A7-Akkords (den ich für die Melodie verwende) hohl sind.

A Major (C shape)   G Major (C shape)   A Major (E shape)

Nutzen wir diese Roadmap, um vom 9. Bund bis zum 5. Bund auf eine interessante und harmonisch starke Weise zu navigieren. Dieser Lick klingt nicht nach Auf- und Ablaufen, sondern schafft etwas Spannendes und Unvorhersehbares.

Beispiel 6d:

Hier ist ein weiterer Lick mit der gleichen Roadmap. Dieser ist etwas schwieriger zu spielen und zeigt, dass es möglich ist, CAGED-Positionen auf vielfältige Weise zu interpretieren.

Der Lick beginnt damit, dass er sich der 3. von einem Halbton unten nähert und steigt die Tonleiter auf, bevor er zwei Töne von A7 den Akkord als Doppelgriff spielt. In Takt Zwei geht der Doppelgriff nach unten, um zwei Töne aus dem G-Dur-Akkord zu zielen und einen schönen G/A-Sound zu erzeugen, bevor er am 5. Bund mit einem typischen Country-Lick zum Schluss in die E-Form übergeht.

Beispiel 6e:

Der Aufbau der Verbindung zwischen Akkorden und Tonleitermustern ist unerlässlich, wenn du fließend über den Hals navigierst, also nimm dir Zeit, jedes der folgenden Diagramme sorgfältig durchzuarbeiten. Finde zuerst den Grundton des Akkords (dargestellt als schwarzes Quadrat), dann sollte der Akkord in deinem Kopf aufleuchten (schwarze Noten in den Diagrammen), bevor du schließlich die Noten der Tonleiter um ihn herum hinzufügst (angezeigt durch hohle Noten).

Zuerst ist da die C-Form. In Schwarz siehst du die Noten des Akkords. Um ihn herum hast du die Noten, die du brauchst, um den Akkord auszufüllen, um eine Tonleiter zu werden.

E7 (C shape)

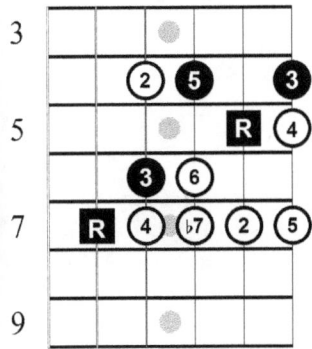

Nachfolgend ein E7-Lick in C-Form gespielt. Wie üblich wird die b3. als Annäherungsnote an die 3. des Akkords verwendet.

Beispiel 6f:

Hier ist noch ein Lick in dieser Position.

Beispiel 6g:

Als nächstes wird E-Dur mit der A-Form gespielt. Der Grundton befindet sich auf der A-Saite und wird entweder mit dem Zeigefinger (für den Akkord) oder dem Mittelfinger (für die Tonleiter) gespielt.

E7 (A shape)

Und hier ist ein Lick in dieser Position, um dir eine Vorstellung davon zu geben, wie dieser Bereich genutzt werden kann.

Beispiel 6h:

Hier ist ein weiterer Lick, der auf der A-Form basiert, diesmal mit einigen Doppelgriffen, die gut unter die Finger passen.

Beispiel 6i:

Die G-Form wird oft übersehen, enthält aber viele großartige Möglichkeiten für Melodien.

E7 (G shape)

Dieser Lick verwendet einen klassischen Bend im Pedal-Steel-Style und einige Country-Tonleiter-Ideen.

Beispiel 6j:

Hier ist ein zweiter Lick in dieser Position, um die endlosen Möglichkeiten in jedem Bereich des Halses zu demonstrieren.

Beispiel 6k:

Die E-Form ist die häufigste Position. Sie wurde tatsächlich im vorherigen Kapitel behandelt. Es ist hier zur Vervollständigung enthalten.

E7 (E shape)

Hier ist ein weiterer Lick in dieser Position, um dein Vokabular zu erweitern.

Beispiel 6l:

Und noch eine Idee hier, diesmal mit ein paar weiteren chromatischen Durchgangsnoten, um Noten der Tonleiter zu verbinden.

Beispiel 6m:

Schließlich ist hier noch die D-Form.

E7 (D shape)

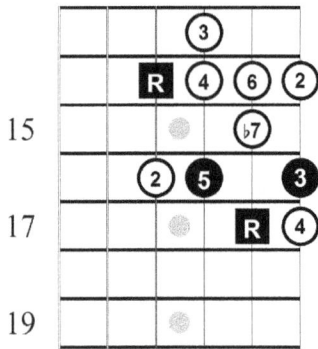

Ich finde diese Form beim Solospielen etwas schwieriger zu verwenden. Ich benutze es, aber normalerweise, während ich mich auf die C-Form oder auf das E zubewege. Hier ist eine Idee, die in Position bleibt.

Beispiel 6n:

Hier ist ein Beispiel, das mehrere Positionen der E-Dur-Tonleiter miteinander verbindet. Achte auf die Markierungen über dem Tab, um zu sehen, wo sich der CAGED-Referenzpunkt ändert.

Beispiel 6o:

Hier ist eine letzte E-Dur-Idee, die hoch oben am Hals steht und sich nach unten bewegt, so dass Erinnerungen an Nashville Ace, Brent Mason, aufkommen.

Beispiel 6p:

Um das alles zusammenzufassen, ist hier ein Beispiel dafür, wie ein Teil dieses Vokabulars über die Akkordwechsel von G7 - A7 - D7 - G7 verwendet wird.

Über dem G7-Akkord spielen wir den Lick von Beispiel 6p, aber hier wird er nach unten bewegt, um in einen G7-Akkord zu passen, anstatt in den zuvor betrachteten E7.

Um den A7-Akkord zu treffen, bewege den Hals um zwei Bünde nach oben und spiele wieder in der E-Form, bewege dich zur A-Form, um zum D7-Akkord mit einem Lick zu wechseln, der an Beispiel 6h erinnert. Dieser löst sich dann bis zur E-Form auf und zielt auf die Terz von G7 (B).

Beispiel 6q:

Hier ist ein weiteres Beispiel über die gleichen Akkordwechsel.

Diesmal beginnst du in der A-Form mit einem Lick ähnlich dem Beispiel 6h, bist aber zu einem G7-Akkord aufgestiegen. Wenn du dich im Bereich des 10. Bundes befindest, ist der Wechsel zum A7-Akkord so einfach wie der Übergang zur C-Form, die durch die Landung auf der 5. des Akkords (E) angestrebt wird.

Es ist möglich, für den D7-Akkord in diesem Bereich des Halses zu bleiben, indem man in die E-Form wechselt (gespielt am 10. Bund), und das G7 zu treffen, das ich den Hals hinuntergezogen habe, indem man die C-Form über das G7 spielt, das auf die 3. ausgerichtet ist (B).

Beispiel 6r:

Das Bewusstsein für die kleinen Akkordformen, während du dich über den Hals bewegst, wird deinen Licks helfen, sich musikalisch anzufühlen, anstatt nur auf und ab zu laufen, weil sie automatisch den Schwerpunkt auf Akkordtöne legen. Dieser Ansatz braucht eine Weile, um perfektioniert zu werden, aber sobald dieses Gerüst steht, verbindest du im Handumdrehen den gesamten Hals.

Kapitel Sieben: 3.- und 6.-Intervall-Licks

Das Country-Gitarrenspiel wird stark von anderen Instrumenten beeinflusst, und nichts ist bemerkenswerter als die Ideen der Doppelgriffe auf der Fiddle oder der Lap/Pedal Steel Guitar.

Diese Intervall-Ideen geben dir nicht nur einen authentischen Country-Sound, sie öffnen auch deine Ohren für neue Ideen und ermutigen dich, dich vom bloßen Auf- und Abspielen von Tonleitern zu lösen.

Das Spielen von diatonischen Terzen besteht darin, eine Note zu nehmen und dann eine Note zu spielen, die eine Terz (3.) höher in der Tonleiter liegt. Zum Beispiel ist in C-Dur, (C D E F G A B) eine Terz über dem C ein E, eine Terz über D ein F, und so weiter.

Allein die Wiedergabe von Intervallen gibt dir jedoch nicht sofort den Country-Sound. Das folgende Beispiel besteht aus diatonischen Terzen in der G-Dur-Tonleiter, aber es hat einen mechanischeren, neoklassischen Klang, den man von einem Gitarristen wie Paul Gilbert erwarten würde.

Beispiel 7a:

Du wirst feststellen, dass einige Intervalle auf den gleichen Saiten liegen und andere auf benachbarten Saiten. Das Spielen von Intervallen auf verschiedenen Saiten hat zwei Vorteile. Erstens können die Noten ineinander klingen, wenn das der gewünschte Klang ist, und zweitens kannst du den Hals auf Saitenpaaren auf und ab spielen, anstatt über den Hals in einer Tonleiterform.

Hier ist ein Beispiel für die Verwendung diatonischer Terzen in der Mixolydischen Tonleiter von G, um einen G7-Akkord zu skizzieren. Das Muster besteht darin, die tiefere Note des Paares und dann die höhere Note zu spielen, bevor die tiefere Note wiederholt wird und bis zum nächsten Intervall gleitet.

Beispiel 7b:

Dabei ist es sehr nützlich, die größeren Akkordformen als Bezugspunkte sehen zu können. Dies gibt dir eine Route in das Intervall und eine Möglichkeit, es aufzulösen.

Nachstehend sind Terzen der Mixolydischen Tonleiter in G auf den G- und B-Saiten, visualisiert um die E-, C- und A-Barré-Formen. Beachte, dass die Akkordgriffe als hohle Noten dargestellt sind, wobei die Noten der Terz-Paare in Schwarz gehalten und mit Linien verbunden sind.

3rds around E7 shape   3rds around C7 shape   3rds around A7 shape

Hier ist ein Lick, der diese Terzen als Weg benutzt, um von der E-Form am 3. Bund zur A-Form am 10. Bund zu gelangen.

Der Lick im Takt Eins ist ein Lick ähnlich einer Idee, die in diesem Buch oft gespielt wird; ein Hybrid aus der Pentatonik-Tonleiter und dem G7-Akkord, der sowohl die Moll- als auch die Dur-Terz verwendet. Takt Zwei slidet mit Terzen den Hals hoch und löst sich in die A-Form auf.

Beispiel 7c:

Ein klareres Gerüst für diese Art von Idee könnte sein, sie eher auf dem Hals als ein Lick zu sehen. Es ist nicht wichtig, wie man von Punkt A zu Punkt B kommt, fokussiere dich nur auf das Konzept.

3rds Around G7 CAGED Shapes

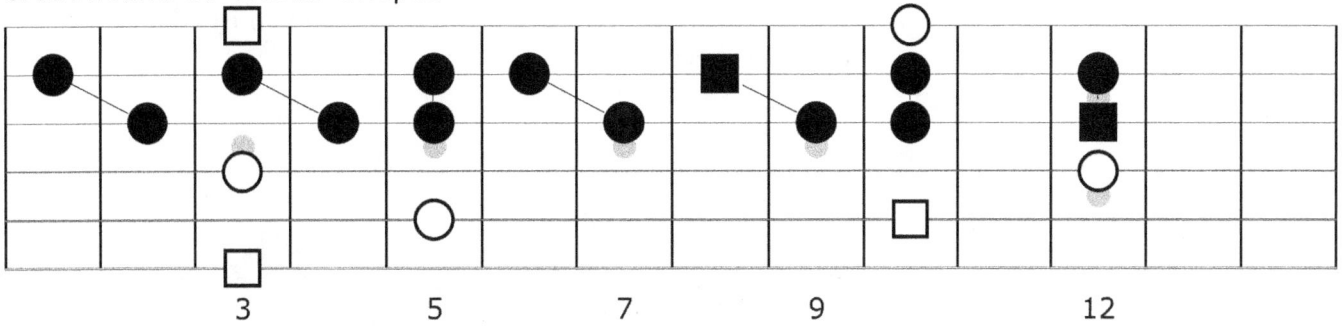

Eine weitere Möglichkeit, diese Terzen zu verwenden, ist die Erweiterung von melodischen Fragmenten, mit denen du bereits vertraut bist. Der folgende Lick liegt um eine E-Form herum und verwendet bereits bekannte Noten. Um die Idee ein wenig weiter zu entwickeln, habe ich das Terz-Intervall unterhalb der Akkordform hinzugefügt.

Beispiel 7d:

Ein ähnlicher Ansatz kann auf jede Position angewendet werden. Das Spielen von Terzen mit dem C-Akkord als Rahmen kann zu folgender Idee führen. Wie bei vielen Licks ist die Kombination der kleinen und großen Terzen ein wesentlicher Bestandteil des Sounds.

Beispiel 7e:

Eine der spannenden Möglichkeiten, die Terzen bieten, ist die Möglichkeit, zwei Formen mit chromatisch verlaufenden Noten zu verbinden. Diese funktionieren hervorragend beim Spielen von Rhythmusgitarre, wie das folgende, vom Pedal Steel inspirierte Beispiel zeigt.

Beispiel 7f:

Hier ist ein weiteres Akkordbeispiel, diesmal von der E-Form eines G7-Akkords nach unten, um ein Ende zu liefern, das gut zu einem Swing-Tune passen würde.

Beispiel 7g:

Es lohnt sich zu bedenken, dass diese nicht nur auf die G- und B-Saiten beschränkt sind, wie dieses Beispiel auf der B- und E-Saite zeigt.

3rds for G7 on B and E strings

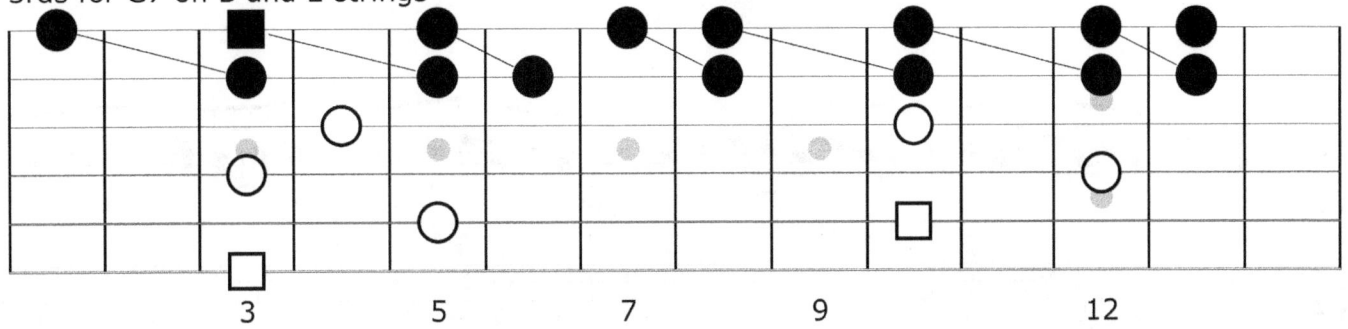

Beispiel 7h:

Hier ist ein Beispiel für die Saiten D und G. Dies wäre eine großartige Möglichkeit, eine moderne Country-Rhythmusgitarre auf einer langsamen Ballade zu spielen.

3rds for G7 on D and G strings

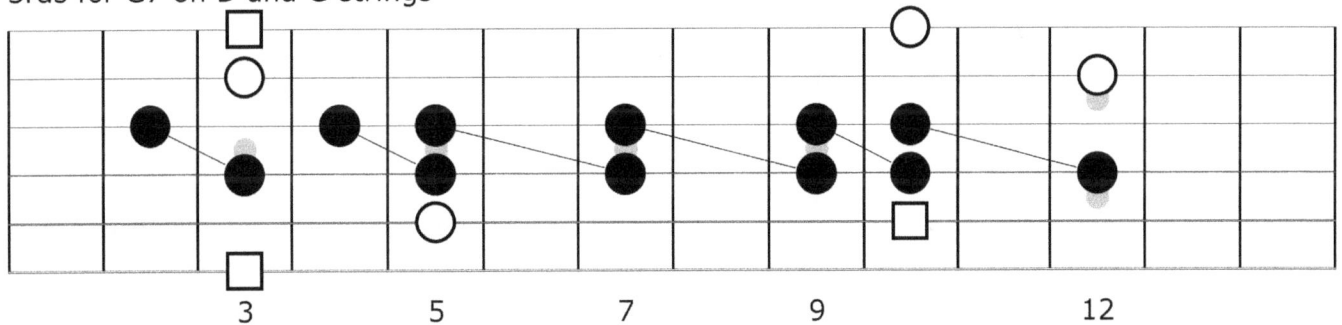

Beispiel 7i:

Terzen werden oft als „lieblich" klingend angesehen, wenn sie melodisch verwendet werden, aber ihr enger Cousin, die Sexte (6.), hat genauso viel Lieblichkeit in seinem Klang.

Das Intervall von C zu E ist eine Terz; aber wenn du dieses Intervall umkehrst und von E zu C wechselst, erstellst du eine Sexte (E F G A B C). Terzen und Sexten sind sehr eng miteinander verbunden, obwohl jede ihren eigenen, einzigartigen Sound hat.

Das folgende Beispiel zeigt, wie ein klassischer Gitarrist diatonische Sexten in der Tonart G spielen könnte. Sie klingen gut, aber es ist sehr schwierig, sie so zu spielen.

Beispiel 7j:

Eine einfachere (und praktischere) Art, die 6. zu spielen, ist auf Saitenpaaren, wie dem G und dem hohen E, die unten in der Tonart von G gezeigt werden.

Beispiel 7k:

6ths with chromatic passing notes over G7

Hier ist die gleiche Grundidee, aber diesmal habe ich die parallelen Formen mit chromatischen Durchgangsnoten verknüpft. Die nicht-diatonischen (chromatischen) Sexten sind in Klammern markiert. Sie klingen als Durchgangsnoten großartig, aber du wirst sie nicht auf einen betonten Taktschlag in einem Takt setzen wollen!

Beispiel 7l:

Hier ist ein Beispiel, wie diese Sexten verwendet werden können, wenn man Solo spielt und Melodien kreiert. Beginnend mit der G-Dur-Pentatonik-Tonleiter, bewegt sich der Lick schnell bis zum 7. Bund, sinkt in 6. nach unten und endet auf der 3. (B).

Beispiel 7m:

Als nächstes folgt ein Beispiel, das chromatische Durchgangsnoten zwischen den 6. Intervallen verwendet. Der Lick beginnt mit einem Bluegrass-Klischee, bevor er den Hals hochgeht und 6. um die E- und C-Form spielt.

Beispiel 7n:

Wie bei den Terzen findest du es vielleicht leichter, diese Konzepte auf dem Griffbrett zu sehen, statt als einen Lick.

6ths around E7 shape   6ths around C7 shape

Auch hier sind diese Ideen nicht auf einen einzigen Saitensatz beschränkt und sollten auf dem D- und B-, A- und G- sowie E- und D-Satz untersucht werden.

6ths with chromatic passing notes over G7

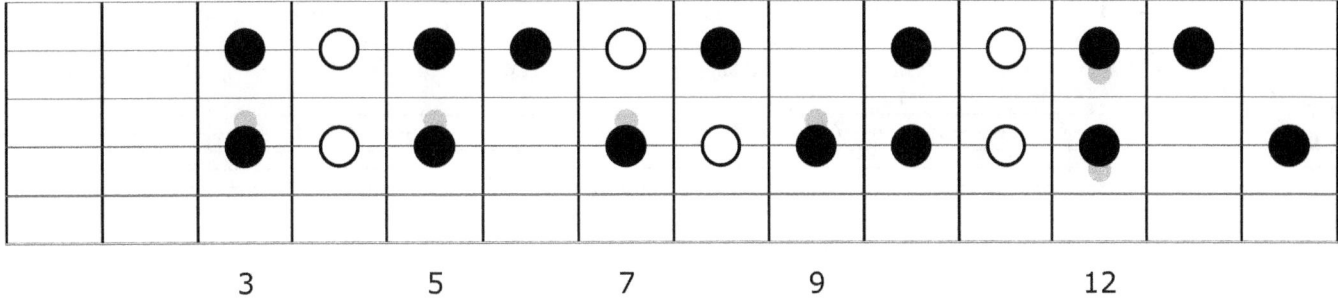

Hier ist ein Beispiel in A7, das 6. auf der A- und G-Saite enthält. Der Lick beginnt in der offenen A-Form und bewegt sich bis zur E-Form. Die zweite Hälfte des Licks springt zu den G- und E-Saiten, um wie ähnliche frühere Ideen zu enden.

Beispiel 7o:

Eine weitere gängige Methode, diese 6.-Ideen zu verschönern, ist mit dieser Chicken-Picking-Idee. Die tiefste Note jeder 6. wird chromatisch von einem Ton darunter angespielt, bevor die höhere Note mit einem Finger der Spielhand aggressiv angeschlagen wird. Frühe Country-Gitarristen spielten oft alle drei Töne, indem sie den Ringfinger bewegten. Es ist sicherlich nicht so genau wie die Verwendung eines Fingers pro Bund, aber es ist voller Attitüde.

Beispiel 7p:

Hier ist ein ähnliches Beispiel, aber diesmal den Hals hinunter und mit einem typischen Pedal-Steel-Imitations-Bend aufgelöst.

Licks wie diese sind sehr verbreitet im Spiel von Größen wie Roy Nichols.

Beispiel 7q:

Hier ist ein letzter, fortgeschrittener Lick in A, der Terzen und einige gleitende 6. beinhaltet.

Beispiel 7r:

Während Terzen und Sexten nicht die einzigen Intervalle sind, die man beim Spielen von Country-Gitarren-Ikonen findet, sind sie sicherlich die gängigsten und üblichen.

Kapitel Acht: Saiten-Bending-Fähigkeiten

Eines der häufigsten Werkzeuge im Arsenal des Country-Gitarristen ist der Bend, und es ist einer der einzigartigsten Effekte, die auf Saiteninstrumenten wie der Gitarre verfügbar sind.

Die E-Gitarre zieht Einfluss und Inspiration von Fiddle-Spielern und Steel-Gitarristen. Eine der besten Möglichkeiten, sich mit dem Country-Vokabular vertraut zu machen, ist das Hören auf andere Instrumente und die Anpassung ihrer Ideen auf das eigene Instrument.

Entwickelt aus der Lap Steel-Gitarre, wurde der Pedal Steel in den 40er Jahren entwickelt, um den Spielern mehr musikalische Möglichkeiten zu geben. Die Lap Steel-Gitarre ist ein Instrument mit zehn Saiten, die auf einen offenen Akkord gestimmt sind (normalerweise E9) und mit einer großen Metallstab (bekannt als tone bar oder steel bar) gespielt werden. Dies wurde von vielen Spieler als einschränkend empfunden, so dass Ingenieure begannen, komplexe mechanische Systeme zu entwickeln, die die Tonhöhe einer Saite durch den Einsatz eines Pedals verändern konnten. Im Laufe der Zeit sollte dies zu einem Aufbau von drei Fußpedalen und vier Kniehebeln führen, die die Tonhöhe verschiedener Saiten anheben oder absenken können.

Diese Pedale erlaubten es den Spielern, einen Akkord zu spielen und dann die Tonhöhe einer oder mehrerer dieser Noten zu ändern, während andere statisch blieben. Dies ist ein typischer Klang, der in den Sound der Country-Musik integriert ist, also schenke ihm die Aufmerksamkeit, die er verdient, indem du genau hinhörst und seinen einzigartigen Charakter nachahmst, wenn du kannst.

Zu den namhaften Steel Playern gehören Speedy West, Buddy Emmons, Paul Franklin und Randle Currie, um nur einige zu nennen.

Einer der größten Unterschiede, die du zwischen Country-Gitarristen und Blues- oder Rockgitarristen finden wirst, ist, dass im Country-Bereich großer Wert auf die Note gelegt wird, zu der du hin bendest, anstatt nur zu benden, um einen musikalischen Effekt zu erzeugen.

Der andere große Unterschied zwischen gebendeten Noten im Country und gebendeten Noten in anderen Genres ist, dass man im Country oft eine Note bendet und gleichzeitig eine andere beibehält. Um diese Bends auszuführen, muss die Kraft vom Finger und nicht vom Handgelenk ausgehen. Denke daran, dass du eine Pedal Steel-Gitarre imitierst, also willst du, dass der Bend so mechanisch wie möglich klingt. Beeil dich also! - Bende geradewegs auf die Note zu, als ob es mit einem mechanischen Pedal gemacht worden wäre.

Das erste Pedal Steel-Beispiel steht in der Tonart A-Dur und nimmt die Töne B und E und bendet das B (die 9.) einen Ton nach oben auf C# (die 3.), um einen A-Dur-Dreiklang zu erzeugen. Um diesen Bend auszuführen, fixiere den Ringfinger auf dem 5. Bund, während der Zeige- und Mittelfinger auf dem 4. Bund ruhen und zusammenarbeiten, um den Bend zu unterstützen.

Beispiel 8a:

Das vorherige Beispiel kann erweitert werden, indem der Grundton (A) auf der hohen E-Saite hinzugefügt wird.

Wenn man sich diese Diagramme ansieht, sind die gespielten Noten schwarz, während die Noten des Akkords hohl sind. Auf diese Weise kannst du die von dir gespielten Noten und die Zieltöne jedes Bends sehen.

Steel Bend 2-3

Beispiel 8b:

Das nächste Beispiel springt den Hals hoch, um die 9. (B) bis zur 3. (C#) zu benden, während die 5. (E) auf der hohen E-Saite gehalten wird. Diese passt in die A-Form des CAGED-Systems.

Steel Bend 2-3

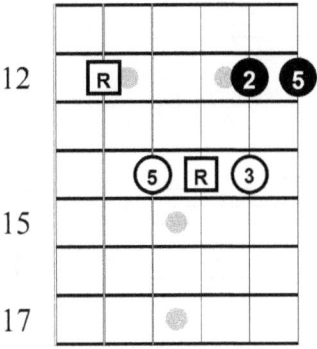

Beispiel 8c:

Hier wird diese Bend-Idee in einem Lick verwendet, der den Hals herabsteigt und gleichzeitig einen A-Dur-Akkord umreißt. Beachte die Verwendung von 3.-Intervallen aus dem vorherigen Kapitel.

Beispiel 8d:

Eine weitere gängige Idee von Pedal-Steel-Spielern ist es, eine Note zu benden und zu halten, während man andere Noten spielt.

Beispiel 8e:

Das folgende Beispiel bendet die b7. auf der B-Saite (G) bis zum Grundton (A). Dies wird gegen die Terz (C#) und die None (B) gespielt.

Beispiel 8f:

Der nächste Lick kombiniert einige der vorherigen Ideen zu einer Linie, die in jedem Solo funktionieren würde.

Beispiel 8g:

Hier ist eine Idee, die die Sexten des vorherigen Kapitels mit dem vom Pedal Steel inspirierten Bend aus dem ersten Beispiel kombiniert.

Beispiel 8h:

Wir können diese Bends auch oben in der Melodie verwenden und die statischen Noten unten platzieren.

Hier ist eine weitere Möglichkeit, einen A-Akkord zu spielen. Halte die Noten auf den Saiten A und D statisch und bende die Note auf der G-Saite mit dem Zeigefinger.

Steel Bend 2-3

Beispiel 8i:

Hier ist eine weitere großartige Möglichkeit, dieses Konzept zu nutzen, mit der b7. und der 3. unten und dem Benden von der 5. hoch zur 6.

Steel Bend 5-6

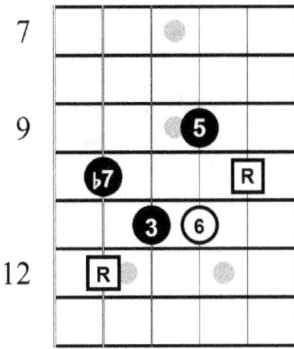

Wenn es im Kontext verwendet wird, ist dies eine gute Möglichkeit, von A nach D zu führen.

Beispiel 8j:

Es ist auch möglich, Noten in der Mitte von Akkorden zu benden, was jedoch den Einsatz eines B-Benders erfordert (ein mechanisches Bend-System, das aktiviert wird, indem der Gurt an einem Hebel im Inneren des Gurtpins befestigt wird). Zahlreiche Unternehmen wie Hipshot und Bigsby stellen Umrüstgeräte her, um diesen Sound zu erreichen.

Beispiel 8k:

Hier ist ein Beispiel, das sich auf Bends stützt, die sich auf die G-Saite beziehen. Beginnend mit einem Bend von der 5. bis zur 6. auf dem G, werden der Grundton und die b7. auf der B-Saite dagegen gespielt. Beachte die angenehme Spannung, wenn F# und G ineinander greifen.

Takt vier erweitert die Idee, indem sie sich bis zur 12. Position bewegt und die b7. (G) bis zum Grundton (A) bendet und dann die Terz (C#) auf der B-Saite spielt.

Beispiel 8l:

Als nächstes kommt eine weitere Idee auf den Saiten B und E, die sich den Hals hinunterbewegt.

Beispiel 8m:

Jetzt werden die Bends auf der G-Saite gespielt, und die Melodie-Note liegt auf dem hohen E, so dass du einige größere Intervallsprünge machen kannst.

Beispiel 8n:

Schließlich gibt es noch einen Lick, der einen Bend der G-Saite mit einer statischen Note auf dem D kombiniert. Das B (2.) wird zu einem C# (3.) gegen ein G (b7.) gebendet, was einen A7-Sound erzeugt. Die Verwendung solcher Bends ist eher bei den „Hightech"-Country-Gitarristen üblich.

Beispiel 8o:

Diese Licks sind nicht einfach, aber sie veranschaulichen die Bedeutung des Kontexts. Zu jeder Zeit ist sich der Country-Solist immer des Akkords bewusst, über den er spielt, so dass seine Wahl der Note die maximale Wirkung hat. Nirgendwo ist das wahrer als bei Bends.

Um das Bewusstsein zu demonstrieren, ist hier eine kleine Idee, über die G7 - A7 - D7 - G7-Sequenz zu spielen, die wir zuvor behandelt haben.

Der Lick beginnt mit dem Spielen über dem G7 mit einem Bend von der 9. bis hin zur 3. auf der B-Saite, mit einer Melodie auf der hohen E-Saite. Dies spiegelt die Idee von Beispiel 9e wider.

Um das A7 zu umreißen, bewegen wir uns nach unten, um auf der B-Saite die b7. bis zum Grundton zu benden, wie in Beispiel 9f zu sehen ist.

Für den D7-Akkord bewegen wir uns bis zur E-Form und benden von der 9. bis zur 3., da diese Position es dir ermöglicht, sehr sanft in das G7 zurückzukehren.

Beispiel 8p:

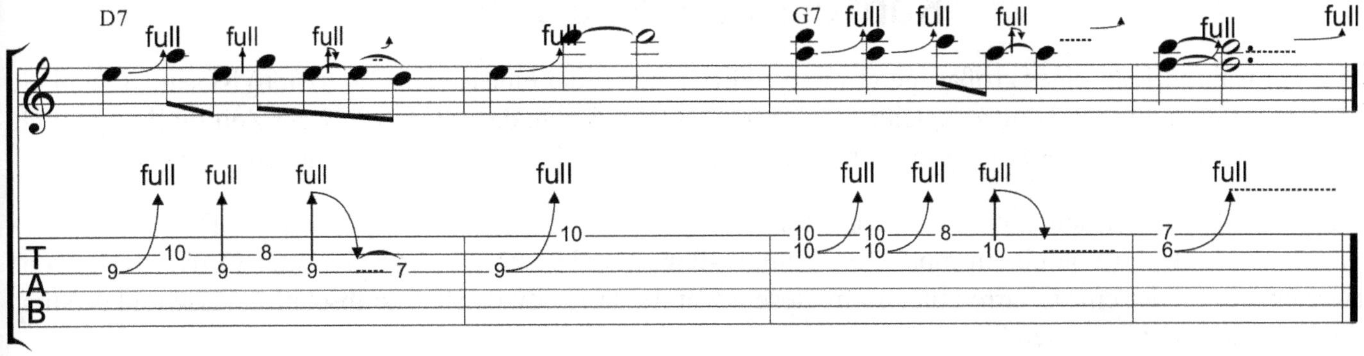
D7
full
full
full
full
G7
full
full
full
full
full
T
A
B

Kapitel Neun: Pop Track

Einer der wahren Tests eines großartigen Country-Gitarristen (oder eines jeden Gitarristen) ist seine Fähigkeit, die richtige Rolle für den Song zu spielen. Oft vergessen Gitarristen, dass sie nur 5 % der Zeit im Rampenlicht stehen werden, der Rest besteht darin, sich anzupassen und die Musik kreativ zu ergänzen.

Um diese Idee zu demonstrieren, habe ich für dich einen kurzen Track in der Tonart E-Dur komponiert, ähnlich wie man ihn von einem modernen Country-Popstar wie Miranda Lambert oder Carrie Underwood erwarten würde, der eine Gitarre braucht. In diesem Kapitel lernst du den Track abschnittsweise und erfährst, wie du ihn am besten spielen kannst.

Session-Gigs sind ein großer Gewinn für zahlreiche Country-Gitarristen, von Legenden wie Brent Mason und Dan Huff bis hin zu talentierten jungen Gitarristen wie Daniel Donato und Andy Wood. Zu verstehen, wie man am besten in eine Band passt und seinen Platz zu kennen, ist das Geheimnis, um diese Gigs zu bekommen!

Zuerst musst du die Akkordfolge für das Intro lernen. Wie du sehen kannst, weist es drei Akkorde E, A und B7 auf (die I, IV und V7). Ich spiele diese Akkorde auf einer Akustikgitarre, um den angenehmen perkussiven Effekt zu erzeugen, den man von einem dünnen Plektrum auf einer hell klingenden Gitarre erhält.

Der einzige knifflige Teil in dieser Sequenz ist Takt Acht, da er im 2/4-Takt ist, also während du für den Großteil der Strecke bis vier zählen wirst, enthält Takt Acht nur zwei Schläge, also (ab Takt 6) zählst du:

1, 2, 3, 4, 1, 2, 3, 4, 1, 2, 1, 2, 3, 4.

Der einzige Grund, warum ich es so gemacht habe, ist, weil mir gefällt, wie es klingt. Das hat was von Alan Jacksons „I don't even know your name" aus seinem 1994er Album Who I Am.

Beispiel 9a:

Das Intro-Solo beinhaltet einen Auftakt, dies ist eine kurze Phrase, die vor Takt Eins gespielt wird, um dich in den Song zu führen.

Jeder Akkord ist mit Bends im Pedal-Steel-Style versehen, und die ersten drei Takte weisen eine auffällige Ähnlichkeit mit der E-Dur-Pentatonik auf.

Um den B-Akkord anzuvisieren, bewegt sich die Soloposition am 7. Bund nach unten in die E-Form, um einen ähnlichen Bend auf dem E-Akkord zu spielen.

Beispiel 9b:

Der Strophen-Abschnitt verwendet die gleichen drei Akkorde wie das Intro, aber jetzt mit dem IV-Akkord (A) als „Grundakkord". Um einen Sänger zu begleiten, ist der Gitarrenpart stark zurückgenommen; er spielt nur Akkorde auf dem Offbeat.

Synkopierte Rhythmen funktionieren hervorragend in solchen Shuffle-Settings.

Beispiel 9c:

Das nächste Beispiel zeigt eine alternative Möglichkeit, den Strophen-Abschnitt durchzuspielen, indem man Doppelgriffe und Bends verwendet, um die Akkorde zu umreißen.

Der Lick für den E-Dur-Akkord in Takt Sechs ist eine knifflige Idee mit einem Bend der G-Saite, einer gegriffenen Note auf der E-Saite und dann der offenen E-Saite.

Diese Idee funktioniert am besten auf einer Fixed-Bridge-Gitarre wie der legendären Telecaster. Wenn du eine Stratocaster (oder ähnlich) hast, sind diese Bending-Ideen oft etwas verstimmt, aber das leichte Drücken auf den Steg mit dem Handballen, um die Bewegung auszugleichen, kann helfen.

Beispiel 9d:

Hier ist eine weitere Solo-Idee, die über die Intro-Akkorde (die jetzt als Chorus fungieren) passt. Die ersten beiden Takte verwenden die E-Dur-Pentatonik-Tonleiter, enden aber mit der Note A. Takt Drei enthält einige absteigende Sexten für den E-Dur-Akkord und geht zu einer Bending-Idee über, um den B-Dur-Akkord zu umreißen.

Die nächsten beiden Takte verwenden weitere Sexten, aber diesmal mit Triolen auf der D-Saite, die mit einem Palm-Mute gedämpft werden, bevor sie eine klassische Bluegrass-Melodie in der Country-Tonleiter in E-Dur aufsteigen. Im 2/4-Takt gibt es eine Wiederholung eines früheren Pedal-Steel-Bends, der als E-Dur-Akkord gesehen werden kann, aber gegen einen B-Dur-Akkord gespielt wird.

Beispiel 9e:

Das nächste Beispiel befindet sich irgendwo zwischen Rhythmus und Lead-Rolle und vermischt Doppelgriffe auf der Grundlage von Terzen, die Akkorde umreißen, mit Single-Note-Phrasen, um Variationen hinzuzufügen.

Das Durcharbeiten von Ideen wie diesen wird dir zeigen, wie jede einzelne in eine größere CAGED Form passt und wie diese größeren Formen verwendet werden, um die Akkordwechsel zu skizzieren.

Beispiel 9f:

Es gibt viele Möglichkeiten, einen Track wie diesen anzugehen, aber diese Ideen werden dir viel zum Nachsinnen geben. Das Wichtigste ist, den Großen zuzuhören und zu sehen, wie sie solche Songs angehen.

Country ist immer noch ein großer Teil der Musikszene in ganz Amerika und beinhaltet oft viele zeitgenössische Einflüsse, um den Sound frisch zu halten.

Kapitel Zehn: Rockabilly Track

Wie im Ersten Teil erwähnt, enthielt die frühe Country-Musik einen breiten Einfluss von Stilen, die dann zu einem eigenen Genre wurden: Rockabilly. Von Chet Atkins bis zum großen Scotty Moore war es die Mischung aus altem Rock und Hillbilly-Musik (daher: Rockabilly), die die Grundlage für Elvis Presleys Karriere bilden sollte.

Musiker wie Brian Setzer und Danny Gatton bereicherten den Rockabilly durch spannende Wendungen, aber er verlor nie den frühen Einfluss des Country. Gitarristen wie James Burton hielten den Sound am Leben, als Scotty Moore Elvis verließ.

Ein wichtiger Teil von Scottys Stil war, wie sich sein Vokabular um die grundlegenden CAGED-Barré-Formen drehte, meistens nur um die E-, A- und C-Form. Scotty benutzte auch ein Daumen-Pick, aber es gibt keine Notwendigkeit für dich, einen zu benutzen, da alle diese Beispiele leicht mit einem Plektrum gespielt werden können (James Burton, Albert Lee und Danny Gatton brauchen sicherlich kein Daumenplektrum!). Wenn du jedoch bisher kein Daumen-Pick verwendet hast, ist es einen Versuch wert!

Abgesehen von Scotty sind Brent Mason, Jerry Reed, Scotty Anderson und natürlich Chet Atkins weitere namhafte Gitarristen, die ausschließlich Daumen-Picks verwendeten.

Dieses erste Beispiel ist eine minimale Einführung in das Travis-Picking, und während diese Technik leicht ein Buch allein füllen könnte, sind die Grundfertigkeiten relativ einfach. Wie bei den Beispielen in Kapitel Vier, spielst du die Noten mit nach unten gerichteten Hälsen mit dem Plektrum (Noten auf den E-, A- und D-Saiten) und verwendest die Finger der zupfenden Hand, um die Noten auf den G-, B- und E-Saiten zu spielen.

Beispiel 10a:

Das nächste Beispiel zeigt ein alternatives Zupfmuster, das du von Gitarristen wie Scotty Moore oder modernen Fingerpickern wie Buster B Jones hören wirst.

Es lohnt sich, die Basslinie separat zu lernen, bis die Zupfbewegung automatisch erfolgt, und dann die Melodie hinzuzufügen.

Beispiel 10b:

Die folgende Idee ist ein längeres Beispiel dafür, wie man einen Rhythmus-Track über einen zwölftaktigen Blues mit Zupfmustern legt. Hier dehne ich die Sequenz jedoch aufgrund des schnelleren Tempos auf vierundzwanzig Takte aus.

Du wirst ein paar Tricks bemerken, die dir helfen, das Stück voranzutreiben, wie z. B. Walking Basslines, die sich zwischen Akkordwechseln bewegen, aber diese sollten kein Problem darstellen, wenn sie langsam gelernt werden. Füge etwas Slap-Back-Delay hinzu und probiere es aus!

Beispiel 10c:

Wenn du in einem solchen Umfeld solo spielst, bist du möglicherweise der einzige Gitarrist in einer kleinen Band oder spielst mit einer großen Gruppe von Musikern. So oder so, die Verwendung von Doppelgriffen kann es dir ermöglichen, reinzuhauen und gehört zu werden, während du gleichzeitig den Klang der Akkorde in deinem Gitarrenpart effektiver definierst.

Das folgende Beispiel deckt die ersten acht Takte der Melodie ab und verwendet Doppelgriffe an den Saiten G und B, um eine schöne Melodie zu erzeugen.

Beispiel 10d:

Beispiel 10e zeigt einen weiteren gängigen Rockabilly-Ansatz für Lead-Gitarre, nämlich die Arpeggierung eines klingenden Akkord-Voicings. Wie im vorherigen Beispiel wird der Effekt stärker sein als beim Spielen von Einzelnoten.

Das verwendete Voicing ist eine Erweiterung der C-Form auf den oberen vier Saiten:

Da sich der Track auf E-Dur auflöst, benutzte ich einige weitere melodische Bends mit der E-Dur-Pentatonik-Tonleiter, um ihn schön abzurunden.

Beispiel 10e:

Der nächste Lick folgt dem bekannten Elvis-Gitarristen (und angesehenen Country-Picker) James Burton und skizziert den letzten Teil der Sequenz. Das Spiel ist visuell; es geht zum 7. Bund für den B-Akkord über und schaltet dann auf die E-Moll-Pentatonik-Tonleiter über dem A-Akkord um.

Hör dir das Audiobeispiel hier genau an, da die gebendete Note auf dem 10. Bund wiederholt angeschlagen wird, während sie nach und nach losgelassen wird. Für die Authentizität sollten die Noten stakkato (kurz) gespielt werden, und dies kann durch den Wechsel zwischen Plektrum und Mittelfinger erreicht werden.

Die zweite Hälfte des Licks verschiebt das Griffbrett nach unten in die offene Position und steigt die E-Blues-Tonleiter mit einem zusätzlichen C# für ein wenig Farbe hinab.

Beispiel 10f:

Mit der ersten Wiederholung der Sequenz werden die Licks etwas kniffliger, mit mehr Noten und schnelleren Positionsverschiebungen.

Lick 10g beginnt mit einigen von Rock inspirierten Doppelgriffen, die in einem Chuck Berry-Solo nicht fehl am Platz klingen würden. Im dritten Takt spiele ich die 6. (C#) und die b3. (G) zusammen, bevor ich die B-Saite etwas höher bende.

Die zweite Hälfte des Licks bewegt sich auf der Mixolydischen Tonleiter in E (mit hinzugefügter b3.) und endet auf der b7. (D) des E-Dur Akkords.

Beispiel 10g:

Der nächste Lick beginnt in der Country-Tonleiter in E, verschiebt sich aber gegen Ende des zweiten Taktes in eine Reihe von absteigenden 6., bevor er mit einem Bend gegen die offene E-Saite aufgelöst wird.

Beispiel 10h:

Über dem A-Dur-Akkord befindet sich ein Lick, der an Albert Lee erinnert. Der Lick erfolgt in drei offensichtlichen Abschnitten, der absteigenden Mixolydischen Idee in A im ersten Takt, dem offenen-Positions-Lick im zweiten Takt und der aufsteigenden 6. gegen Ende. Albert Lees Stil ist sehr positionsbasiert, klingt aber alles andere als „eingeengt".

Beispiel 10i:

Nach der Rückkehr zum E-Dur-Akkord findest du einen Lick, der auf der tiefen offenen E-Saite beginnt und die E-Dur-Pentatonik umreißt. Um dieser Idee etwas Würze zu verleihen, werden Triolen auf den Schlägen Zwei und Vier gespielt, wobei eine chromatische Durchgangsnote zwischen die beiden Noten gelegt wird.

Beispiel 10j:

Schließlich habe ich über die B-Dur-zu-A-Dur-Akkorde einen Weg gezeigt, um einem Solo eine chromatische Spannung zu verleihen. Über den B-Dur nähere ich mich der 3. des Akkords (D#) von einem Halbton darunter, bevor ich die 5. (F#) treffe. Dieses dreiteilige Fragment wiederholt sich fünfmal, wobei die Notenplatzierung jedes Mal unterschiedlich ausfällt.

Über den A-Dur-Akkord verwenden wir die A-Blues-Tonleiter, bevor wir uns nach oben bewegen, um mit einem klassischen mixolydischen Vokabular um die E-Form herum zu enden.

Beispiel 10k:

Kapitel Elf: Outlaw Track

Das letzte Solo in diesem Buch wird stark von der Outlaw- und Truck-Driving-Country-Tradition beeinflusst. Künstler wie Waylon Jennings, Merle Haggard und David Allen Coe waren alle bekannt für ihren Outlaw-Sound, also habe ich hier auf diese Einflüsse zurückgegriffen, zusammen mit dem neo-traditionellen Sound von Künstlern wie Alan Jackson und George Strait.

Um die Dinge zu vermischen, steht dieser Track in der Tonart G, was bedeutet, dass die I-, IV- und V-Akkorde G-Dur, C-Dur und D-Dur sein werden. Zuerst aber ist hier der Riff, der die Grundlage des Tracks bildet. Es erfordert ein Hybrid-Picking auf den Doppelgriffen und verwendet durchgehend Noten der Mixolydischen Tonleiter in G.

Beispiel 11a:

Die Strophe kann sowohl als elektrischer als auch als akustischer Teil gespielt werden. Betrachten wir zunächst den akustischen Teil, der dir eine gute Vorstellung von der Harmonie vermittelt und in G ein zwölftaktiges Blues-Muster bildet. Das Geheimnis dabei ist, dass das Strumming-Muster hilft, die Musik voranzutreiben, ohne den anderen Instrumenten im Weg zu stehen.

Beispiel 11b:

Als nächstes zieht der elektrische Teil Einfluss vom Riff im Intro.

Über den C-Dur-Akkord wird die gleiche Grundidee verwendet, aber diesmal eine Saite höher. Die zweite Hälfte des Taktes slidet nach oben, um die G-Form zu spielen.

Über dem D habe ich einen Dadd11-Akkord gespielt (der eigentlich nur ein offener C-Dur-Akkord ist, der zwei Bünde nach oben bewegt wurde). Ein ‚add 11' Akkord ist einer, bei dem die 11. zu einem Dur-Akkord hinzugefügt wird (im Gegensatz zu einem Sus-Akkord, wo die 4. die 3. ersetzt).

Beispiel 11c:

Es gibt einen kurzen Bridge-Abschnitt, bevor das Solo beginnt. Wirf zunächst einen Blick auf den Akustikteil und spiele einfach durch die Akkorde, um dich mit den Wechseln vertraut zu machen.

Beispiel 11d:

Der E-Gitarrenpart ist in diesem Abschnitt zurückhaltender, hält sich fest an die Akkorden und verwendet den Dadd11 aus dem vorherigen Abschnitt.

Beispiel 11e:

Der erste Lick des Solos umreißt einen G-Dur-Akkord, beginnend mit einem von Pedal-Steel inspirierten Bend um den 10. Bund, über das Benden der 2. bis zur 3. und das Spielen der 5. auf der hohen E-Saite.

Die zweite Hälfte des Licks verschiebt sich den Hals hinunter in Terzen auf den G- und B-Saiten, um den Lick in der E-Form zu beenden. Der Lick hier verwendet eine typische Mischung aus der Moll-Pentatonik und einer zusätzlichen großen Terz.

Beispiel 11f:

Der zweite Teil des Solos geht in den C-Dur-Akkord und zurück nach G-Dur. Um den C-Dur zu umreißen, bin ich in den 8. Bund-Bereich (E-Form) gesprungen, habe von der b3. bis zur 3. gehämmert und die Mixolydische Tonleiter in C verwendet, um den Klang des Akkords zu umreißen.

Der zweite Teil des Licks geht zurück zu G-Dur und ist mit einigen absteigenden Sexten von der Mixolydischen Tonleiter in G skizziert.

Beispiel 11g:

Die nächsten beiden Takte bewegen sich von D-Dur nach C-Dur. Um diese Änderung hervorzuheben, beginne ich in der A-Form und rutsche von der b3. (F) bis zur 3. (F#) von D. Der Rest dieses Taktes verwendet Noten von der Mixolydischen Tonleiter in D, bevor ich bis zur 3. von C (E) slide und die C-Dur-Pentatonik aufsteige.

Die zweite Hälfte des Licks ist typisch für Hot Country-Gitarristen wie Johnny Hiland, mit Sexten, die auf den A- und G-Saiten gespielt werden, während sie die höheren Töne mit einem Tonleiterton benden.

Beispiel 11h:

Die Wiederholung beginnt am 12. Bund mit der G-Dur-Pentatonik. Die zweite Hälfte des Licks beginnt um die A-Form herum mit mehr b3. bis 3.-Bewegungen.

Beispiel 11i:

Der nächste Lick verwendet zwei Positionen in C-Dur, beginnend mit der D-Form, bevor er im zweiten Takt in die C-Form übergeht.

Die zweite Hälfte des Licks ist über einem G-Dur-Akkord und bewegt sich in die E-Form hoch am Hals, bendet von der b7 zum Grundton und spielt die 3. auf der hohen E-Saite.

Beispiel 11j:

Der folgende Lick skizziert die Akkorde D-Dur und C-Dur, bevor er sich in G-Dur auflöst. Er beginnt wie die Idee des C-Dur-Akkords, wird nun einen Ton höher gespielt, passend zum D-Dur. Der zweite Takt endet mit einem klassischen Bluegrass-Klischee, das mehrfach gespielt wird.

Der letzte Lick umreißt die Akkorde in der Bridge mit Doppelgriffen und Bends im Pedal-Steel-Style. Die letzten beiden Takte erfordern Aufmerksamkeit, da du die Noten sowohl auf der G- als auch auf der B-Saite halten musst, während du verschiedene Noten auf der hohen E-Saite spielst.

Beispiel 11l:

Fazit

Nachdem du die Ideen in diesem Buch durchgearbeitet hast, wirst du auf dem besten Weg sein, großartig Country-Gitarre zu spielen. Diese Konzepte auf die nächste Stufe zu bringen, erfordert Übung, deshalb möchte ich dir einige Tipps geben, die dir helfen, dich auf die Dinge zu konzentrieren, die mir am wichtigsten erscheinen.

Bei Musik geht es nicht um Geschwindigkeit, sondern darum, Menschen zu berühren. Manchmal erfordert dies ein schnelles Spiel, vielleicht um Begeisterung zu vermitteln … aber der Ton ist immer König. Verbringe Zeit damit, dir die Noten anzuhören, die du gerade spielst, und wie sie klingen. Vergleiche die Projektion, die man bei Gipsy-Gitarristen hören kann mit dem leichten Picking mit der Spitze des Plektrums. Benutze einen cleanen Ton auf deinem Verstärker und experimentiere mit verschiedenen Plektren, Dynamik und Picking-Richtungen. Ich finde, dass ich einen besonders starken Ton bekommen kann, indem ich das Plektrum durch die Saite drücke, in Richtung Tonabnehmer.

Auch das Timing ist unglaublich wichtig. Abgesehen vom Üben der hier verfügbaren Tracks, wird es deinem Rhythmus und deiner Phrasierung auf lange Sicht helfen, wenn du ein Metronom verwendest und deinen Fuß trainierst, um auf jeden Taktschlag zu klopfen.

Denke daran: Der Fuß klopft im Takt mit dem Klick und du spielst mit dem Fuß. Du tippst nicht auf das, was du spielst! Der Takt ist das Lebenselixier der Musik, und dein Fuß wird dir sagen, wo das ist.

Versuche auch, mit dem Metronom zu üben, indem du auf die Schläge 2 und 4 klickst, wie eine Snare, die auf dem Backbeat spielt. Dies ist besonders nützlich, wenn es um schnellere Tempi geht, da sich der Fuß nicht wie der eines Heavy Metal Bassdrummers bewegen wird! Es mag sich zunächst unangenehm anfühlen, wird dir aber sehr helfen, im Takt zu bleiben.

Schließlich ist hier eine Liste mit Hörempfehlungen von einigen wichtigen Country-Platten für jede Sammlung. Das Schöne an einem Genre mit so viel Geschichte ist, dass du viele „Best of"-Sammlungen zu einem günstigen Preis findest, also scheue dich nicht, einigen von ihnen eine Chance zu geben.

Alan Jackson - The Greatest Hits Collection

Albert Lee - Live at the Iridium

Andy Wood - Caught Between the Truth and a Lie

Brad Paisley - Time Well Wasted

Brent Mason - Hot Wired

Buck Owens - The Very Best of Buck Owens - Vol. 1

Buddy Emmons - Amazing Steel Guitar

Chet Atkins - The Essential Chet Atkins

Ernest Tubb - Texas Troubadour

Hank Williams - The Best of Hank Williams

The Hellecasters - The Return of The Hellecasters

The Hot Club of Cowtown - What Makes Bob Holler

Jerry Reed - The Unbelievable Guitar and Voice of Jerry Reed

Keith Urban - Days Go By

Maddie & Tae - Start Here

Merle Haggard - The Very Best of Merle Haggard

Merle Travis - Sixteen Tons

Pistol Annies - Annie Up

The Time Jumpers - The Time Jumpers

Viel Erfolg auf deiner Reise, ich hoffe, du hast diese ersten Schritte genossen, und ich freue mich darauf, dich am anderen Ende zu sehen.

Weitere Bücher von Fundamental Changes

The Complete Guide to Playing Blues Guitar Book One: Rhythm Guitar

The Complete Guide to Playing Blues Guitar Book Two: Melodic Phrasing

The Complete Guide to Playing Blues Guitar Book Three: Beyond Pentatonics

The Complete Guide to Playing Blues Guitar Compilation

The CAGED System and 100 Licks for Blues Guitar

Fundamental Changes in Jazz Guitar: The Major ii V I

Minor ii V Mastery for Jazz Guitar

Jazz Blues Soloing for Guitar

Guitar Scales in Context

Guitar Chords in Context

Jazz Guitar Chord Mastery

Complete Technique for Modern Guitar

Funk Guitar Mastery

The Complete Technique, Theory and Scales Compilation for Guitar

Sight Reading Mastery for Guitar

Rock Guitar Un-CAGED: The CAGED System and 100 Licks for Rock Guitar

The Practical Guide to Modern Music Theory for Guitarists

Beginner's Guitar Lessons: The Essential Guide

Chord Tone Soloing for Jazz Guitar

Heavy Metal Rhythm Guitar

Heavy Metal Lead Guitar

Exotic Pentatonic Soloing for Guitar

Heavy Metal Rhythm Guitar

Progressive Metal Guitar

Voice Leading Jazz Guitar

The Complete Jazz Soloing Compilation

The Jazz Guitar Chords Compilation

Fingerstyle Blues Guitar

The Complete DADGAD Guitar Method

(Alle Bücher auch auf Deutsch erschienen)

Über Levi Clay

Seit seinem Abschluss an der University of East London mit Qualifikationen in Performance und Ausbildung ist Levi Clay eine unaufhaltsame Kraft in der internationalen Gitarrenszene.

Als Schriftsteller, Lehrer, Transkriptor, Journalist und Entertainer für verschiedene Outlets macht es nur Sinn, dass Levis musikalische Leidenschaften so vielfältig sind wie seine Fähigkeiten.

Levi, der als Schriftsteller um die Welt gereist ist, schreibt immer noch regelmäßig für das Guitar Interactive Magazine, sowohl als On-Screen-Persönlichkeit als auch als Ghostwriter.

Als Lehrer ist Levi bekannt für seine monatliche Beyond Blues-Kolumne für das Premier Guitar Magazine, zusammen mit seiner Auswahl an DVD-Veröffentlichungen für LickLibrary.com. Er unterrichtet noch immer eine ausgewählte Gruppe von Schülern aus der ganzen Welt über Skype.

Durch seine Arbeit als Transkriptor bleibt er relevant und gefragt und hat Arbeiten für verschiedene Zeitschriften, Verlage, Künstler und Websites durchgeführt.

Mit der Veröffentlichung von zwei Alben im Jahr 2015 („Out of the Ashes" und „Into the Whisky") über eine erfolgreiche Crowdfund-Initiative steht Levi weiterhin in direkter Verbindung mit seinen Fans und Followern über Patreon und YouTube.